Marco A. P. Delgado
Coordenador do Projeto de P&D

Desafios da Inovação em Serviços Públicos Regulados

Alterando Paradigmas Metodológicos na Concepção das Tarifas de Energia Elétrica

Marco A. P. Delgado
COORDENADOR DO Projeto de P&D

Desafios da Inovação em Serviços Públicos Regulados

Alterando Paradigmas Metodológicos na Concepção das Tarifas de Energia Elétrica

Copyright© 2012 by Marco Antonio de Paiva Delgado

Todos os direitos desta edição reservados à Qualitymark Editora Ltda.
É proibida a duplicação ou reprodução deste volume, ou parte do mesmo,
sob qualquer meio, sem autorização expressa da Editora.

Direção Editorial SAIDUL RAHMAN MAHOMED editor@qualitymark.com.br	**Produção Editorial** EQUIPE QUALITYMARK producao@qualitymark.com.br
Capa Renato Martins Artes & Artistas	**Editoração Eletrônica** K2 Design e Serviços Ltda. atendimento@k2design.com.br

1ª Edição: 2011
1ª Reimpressão: 2012

CIP-Brasil. Catalogação-na-fonte.
Sindicato Nacional dos Editores de Livro, RJ

D484

Delgado, Marco A. P. (Marco Antonio de Paiva)
   Desafios da inovação em serviços públicos regulados : alterando paradigmas metodológicos na concepção das tarifas de energia elétrica / Marco A. P. Delgado, coordenador do projeto. – Rio de Janeiro : Qualitymark Editora, 2011.
   184 p. ; 23 cm

   Apêndices
   Inclui bibliografia
   ISBN 978-85-7303-015-0

   1. Administração de projetos. 2. Administração pública. 3. Serviços de eletricidade – Tarifas – Planejamento. I. Título: Alterando paradigmas metodológicos na concepção das tarifas de energia elétrica.

11-4443
CDD: 333.793231
CDU: 338.58:621.311

2012
IMPRESSO NO BRASIL

Qualitymark Editora Ltda. Rua Teixeira Júnior, 441 São Cristóvão – Fax: (21) 3295-9824 20921-405 – Rio de Janeiro – RJ	www.qualitymark.com.br E-mail: quality@qualitymark.com.br Tel.: (21) 3295-9800 ou (21) 3094-8400 QualityPhone: 0800-0263311

Autor e coordenador do projeto:
Marco Antonio de Paiva Delgado

Equipe

Gerente do Projeto
Saulo de Tarso Castilho Júnior

Gestor do Programa de P&D da ELEKTRO
José Francisco Resende da Silva

Pesquisadores das Entidades Parceiras
Alden Uehara Antunes
Aleciana Celice Sales Gusmão
Ana Paula Barbosa
Carlos César Barioni de Oliveira
Carlos Enrique Morosoli
Cristiano S. Silveira
Damián Halabi
Denis Antonelli
Fábio Sismotto El Hage
Fernanda Oliveira
Fernando Damonte
Fernando Alvarez

Guilherme Salgado Braga
Helder Souza
Hélio Francisco da Silva
Hudson de Velasco Mitrof
José Wanderley Marangon Lima
Leandro Galvão
Leonardo Campos
Luana Medeiros Marangon Lima
Lucas Pedreira do Couto Ferraz
Mabel Scianni de Morais
Márcio Vinagre de Pinho
Marina Olga de Santis
Mário Carlos Alberto Damonte
Martín Ariel Hunziker
Mauro Manuel Machado
Michelle Hallack
Paulo F. Bruno Junior
Paulo Steele Santos
Rafael Coradi
Rafael de Oliveira Gomes
Rodrigo Queiroz
Sebástian Andres Butto
Tristrán Alfredo Boll
Welinton Dias

Pesquisadores das Distribuidoras Participantes
Ana Cristina da Conceição Leão
André Luiz de Castro David
Angela Magalhães Gomes
Angélica Tozatto Baptista
Dimitri Barros Pereira de Oliveira
Emerson Caçador Rubim

Fernanda Helena Cobas Laureano
Fernando José Moreira Mendonça
Job de Figueiredo Silvério Alves
Julio A. de Bitencourt
Julio César F. Sales
Marcos Rodolfo Kessler
Nereu João Moro
Sérgio Kinya Fugimoto
Sonia Campos Simões Cabral

Profissionais das Distribuidoras Participantes
Alexandre Nogueira Ferreira
Ana Paula Fernandes
Antonio Vitor Salesse
Cassiano Gomes Peres
Célia S. Hirata
Cláudio Carneiro
Cristine Justo
Elen Ferreira
Gilberto Martins
Giordano P. Matos
José Olyntho Leite
José Ramalho Júnior
José Ribeiro Sobrinho
Neusa de Paula Antunes
Otto Armin Doetzer
Paulo Eugênio C. Monteiro
Renata Massaro
Ronei Buratti
Wagner Yuji Okada

Distribuidoras/Grupos Patrocinadores

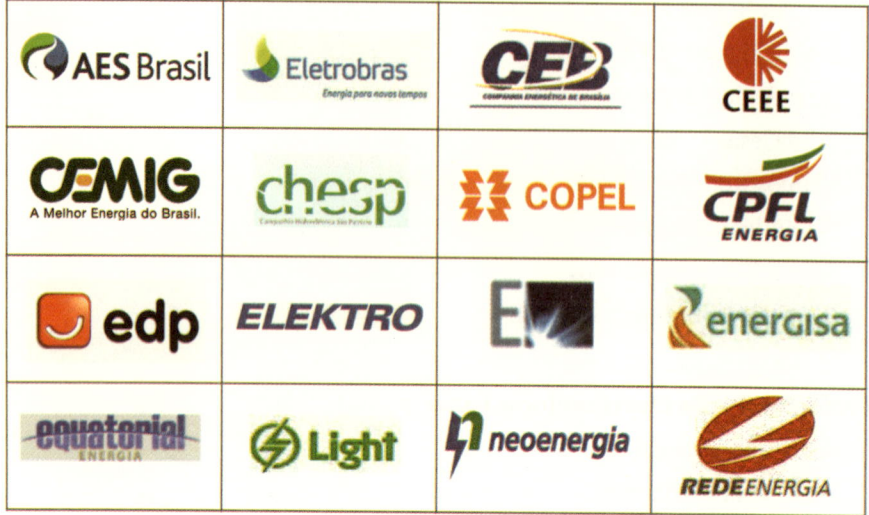

Entidades Parceiras no Desenvolvimento da Pesquisa

Dedicatória

"Agradeço a minha esposa e aos meus filhos pelo lar que construímos todos os dias com alegria, carinho, dificuldades e fé. Agradeço, também, a compreensão nos momentos em que os deixo para o exercício das minhas atividades profissionais.

Manifesto minha grande honra e satisfação por trabalhar e interagir, durante o desenvolvimento deste projeto, com profissionais das distribuidoras patrocinadoras, pesquisadores das entidades parceiras e servidores da ANEEL. Um grupo ímpar constituído por pessoas eivadas com espírito de compartilhamento e construção coletiva, sem o qual não chegaríamos nesta etapa de consolidação do Projeto de P&D.

Esta obra é dedicada a todos aqueles que acreditam e trabalham para o contínuo aperfeiçoamento de prática e métodos de forma conciliada com princípios de transparência, simplicidade e eficácia. É possível, sim!"

Prefácio

Como é de amplo conhecimento, o programa de P&D regulado pela ANEEL é o principal mecanismo de promoção da pesquisa e da inovação tecnológica no setor de energia elétrica do país. O programa existe desde os primeiros contratos de concessão firmados entre agentes regulados e a ANEEL, e foi ampliado aos demais agentes do setor (produtores independentes e permissionários) por meio da Lei nº 9.991, de 24 de julho de 2000.

Durante os nove primeiros anos de existência do programa (1999 a 2007) foram estabelecidos ciclos anuais de investimento, no âmbito dos quais diversos projetos elaborados por agentes do setor e instituições de pesquisa foram realizados, após aprovação da ANEEL. Por mais meritórios que tenham sido esses projetos e respectivos investimentos, verificou-se, ao longo dos anos, a necessidade de maiores esforços para assegurar investimentos em áreas prioritárias e em temas estratégicos para o setor.

Diante do exposto e no âmbito da nova regulamentação do Programa de P&D – Manual do Programa de Pesquisa e Desenvolvimento Tecnológico do Setor de Energia Elétrica (Versão 2008), criou-se a categoria de projetos denominada Projeto Estratégico. Por meio dessa modalidade, procura-se realizar projetos de grande relevância para o setor, os quais são, normalmente, complexos e demandam esforços conjuntos e coordenados de vários agentes e instituições de pesquisa.

As primeiras chamadas de projeto estratégico foram publicadas em outubro de 2008. Numa delas, a Chamada nº 008/2008, enfatizou-se a necessidade de projeto estratégico para a realização de estudos e elaboração de Metodologia para Estabelecimento de Estrutura Tarifária para o Serviço de Distribuição de Energia Elétrica.

A motivação do projeto em referência tem origem nos pressupostos da lei de concessão e permissão de serviços públicos (Lei nº 8.987/1995), em que são estabelecidas as condições para a prestação de serviço adequado ao pleno atendimento das necessidades dos usuários, entre elas a regularidade, a continuidade, a eficiência, a segurança e a modernidade das técnicas, dos equipamentos e instalações.

Em se tratando de técnicas na prestação de serviços públicos de energia elétrica, sabe-se que a metodologia atual de estrutura tarifária está bastante desatualizada. Uma consequência imediata dessa desatualização é a penalização indevida de certos consumidores e o estímulo a comportamentos inadequados em outros, o que leva ao uso ineficiente do sistema de distribuição de energia elétrica.

Diante do exposto, houve fortes adesão e mobilização dos agentes do setor e instituições de pesquisa, o que culminou com a realização de projeto de P&D estratégico sobre Metodologia para Estabelecimento de Estrutura Tarifária para o Serviço de Distribuição de Energia Elétrica.

Conforme descrito neste livro e testemunhado por técnicos da ANEEL, o projeto apresenta contribuições importantes para o aprimoramento da metodologia de estrutura tarifária no setor de distribuição de energia elétrica do país. Além das contribuições de natureza técnico-científica, houve grande aprendizado e subsídios para a elaboração de novos projetos estratégicos, cujo papel tem se mostrado importante, mas a formalização do arranjo institucional tem sido lenta e complexa.

A iniciativa do Instituto Abradee da Energia de documentar esse aprendizado na forma de livro e dar amplo conhecimento dos resultados do projeto e dos instrumentos utilizados foi muito bem recebida pela ANEEL, que se mostrou favorável à alocação de recursos do programa para viabilizar essa importante etapa do processo em referência.

Máximo Luiz Pompermayer
*Superintendente de Pesquisa e Desenvolvimento
e Eficiência Energética da ANEEL*

Apresentação

Este livro apresenta os trabalhos realizados no âmbito do projeto de pesquisa e desenvolvimento (P&D) "Metodologia para Estabelecimento de Estrutura Tarifária para o Serviço de Distribuição de Energia Elétrica", estabelecido na Chamada Pública nº 008/2008 ANEEL para projetos estratégicos. Nesta categoria estão enquadrados os projetos cujo desenvolvimento é de interesse nacional e que são de grande relevância para o setor elétrico, requerendo elevada complexidade em termos científicos.

No início dos anos 80, os profissionais das empresas do setor, juntamente com o DNAEE – Departamento Nacional de Águas e Energia Elétrica e ELETROBRAS desenvolveram o que se chamou "Nova Tarifa de Energia Elétrica". Desde então, poucas alterações foram promovidas na estrutura tarifária de energia elétrica aplicada no Brasil, embora diversas mudanças tenham ocorrido no setor elétrico nas últimas três décadas. Mudanças essas ocasionadas pela desverticalização das atividades da indústria de energia elétrica, alterações no regime de regulação econômico passando do desestimulante "Custo do Serviço" para o regime de incentivos "Preço Teto", privatização de aproximadamente 70% do mercado de distribuição, surgimento do consumidor livre, alterações no comportamento dos consumidores que, de alguma forma, causaram impacto no contexto inicial do estabelecimento da atual estrutura.

A oportunidade de implementar alterações na estrutura tarifária vigente, conforme preconizado nos objetivos da chamada pública, levou as empresas distribuidoras de energia elétrica a buscarem no projeto de pesquisa e desenvolvimento (P&D) uma forma de contribuição, visando ao aperfeiçoamento da estrutura de preços dos serviços de distribuição de energia elétrica no país, tornando-a mais adequada ao modelo regulatório aplicado atualmente, tendo como princípio norteador a racionalidade e a justiça na sua aplicação.

Dessa forma, a ELEKTRO, proponente do projeto, e mais 31 empresas de distribuição de energia elétrica entre privadas e estatais, representando 16 grupos econômicos que concentram aproximadamente 85% do mercado brasileiro de distribuição, de forma coordenada, associaram-se a seis outros parceiros com notória contribuição técnica e acadêmica nos temas regulatórios e tarifários, representando universidades e renomadas consultorias nacionais e estrangeiras, a fim de realizar em conjunto o projeto.

Para viabilizá-lo, o comitê gestor, grupo de especialistas das áreas de regulação e tarifas das distribuidoras, indicou o Instituto Abradee da Energia como entidade executora tendo como principais responsabilidades: coordenar de forma articulada o desenvolvimento das diversas abordagens metodológicas, garantir a pluralidade de ideias, evitar a tendência de casos particulares das empresas, priorizar a generalização dos estudos e propostas e orientar da melhor forma a inter-relação entre as linhas de pesquisa e os respectivos executores. Durante dois anos, a atuação e a interação desses profissionais, de forma entusiástica na execução do projeto, garantem que seus resultados forneçam subsídios concretos para o estabelecimento de uma nova metodologia de cálculo da estrutura tarifária, atendendo a expectativa inicial da ANEEL.

De forma especial, agradeço a todos os profissionais das distribuidoras e aos pesquisadores envolvidos no projeto a veemência com que atuaram na produção de soluções.

Agradeço à Agência Nacional de Energia Elétrica – ANEEL que, por intermédio das Superintendências de Pesquisa e Desenvolvimento e Eficiência

Energética; Regulação Econômica e Regulação dos Serviços de Distribuição, tomou a iniciativa de atualizar um tema essencial ao desenvolvimento brasileiro, por intermédio de um projeto de pesquisa e desenvolvimento que nos proporcionou a oportunidade de contribuir. Estendo o agradecimento aos especialistas da ANEEL que estiveram envolvidos em nossa discussão.

Faço também um agradecimento especial ao Dr. Marco Antônio de Paiva Delgado, coordenador do projeto, pelo apoio incondicional às propostas desenvolvidas e sem o qual a viabilização de todo o projeto não seria possível.

Este livro, apesar de representar o relatório final do projeto, deve ser encarado como um esforço primeiro na discussão de um tema relevante para o setor elétrico nacional e que, deve além de ser complementada, tornada pública de forma a ser amplamente debatida.

Que a publicação *Desafios da Inovação em Serviços Públicos Regulados: Alterando paradigmas metodológicos na concepção das tarifas de energia elétrica* seja um novo marco na história do setor elétrico.

Saulo de Tarso Castilho Júnior
Gerente do projeto

Sumário

Sumário Executivo, XXVII

PARTE I – GESTÃO DO PROJETO, 1

1. Concepção, 3

    1.1. Contexto e Motivação Institucional, 3

    1.2. Objetivos do Projeto, 6

    1.3. Organização do Projeto, 7

        1.3.1. Atividades Preparatórias, 7

        1.3.2. Estruturação das Linhas de Pesquisas, 8

        1.3.3. Avaliação Inicial da ANEEL (Ofício 134/2009 – SPE/ANEEL), 12

        1.3.4. Proposta de Gestão e Fiscalização, 14

    1.4. Síntese da Proposta de Trabalho, 16

    1.5. Cronograma das Atividades e Produtos Esperados, 18

1.5.1. Cronograma, 18

1.5.2. Produtos Esperados, 20

2. Gestão das Atividades, 23

2.1. Sistema de Gestão do Projeto, 23

2.2. Condução e Participação dos Membros do "Comitê Gestor", 29

2.3. Relatório de Execução Financeira do Projeto, 33

2.4. Extensão do Projeto de P&D: a Difusão do Conhecimento, 34

PARTE II – GESTÃO E PRODUÇÃO DO CONHECIMENTO, 39

3. Produção de Conteúdo no Projeto de P&D, 41

3.1. Estrutura e Integração das Linhas de Pesquisa do Projeto, 41

3.2. Principais Marcos da Estrutura do Projeto, 47

3.2.1. Fundamentação Teórica, 47

3.2.2. Diagnóstico das Práticas Internacionais de Tarifação, 54

3.2.3. Encadeamento e Síntese das Proposições Iniciais, 59

4. Contribuições do Projeto de P&D ao Objeto da AP 120/2010, 65

4.1. Custos Médios e Custos Marginais, 68

4.2. Sinais para a Estrutura Horizontal: Relações de Ponta e Fora de Ponta para Uso das Redes Elétricas, 72

4.3. Proposta de Modalidades Tarifárias, 80

4.4. Sinais de Energia nas Tarifas de Fornecimento, 96

5. Considerações Finais, 99

6. Referência dos Relatórios Desenvolvidos no Projeto de P&D, 105

Apêndice I. Reflexões e Indagações sobre a Relação Ponta e Fora de Ponta (RPFP) Oriunda da Metodologia Estabelecida pela Portaria do MME nº 46/1982, 107

Apêndice II. Resultados da Aplicação do Modelo de Apoio à Decisão, 111

Apêndice III. Síntese do Desenvolvimento dos Subprojetos, 117

AIII.1. Sinais Locacionais, 117

AIII.1.1. Tarifação para Cargas, 118

AIII.1.2. Tarifação entre Distribuidoras, 118

AIII.1.3. Tarifação para Geradores, 119

AIII.2. Elasticidade e Curva de Carga, 121

AIII.3. Custo Médio Temporal do Ciclo Tarifário – CMTC, 124

AIII.4. Tarifa Duas Partes e Considerações Sociais – T2P, 128

AIII.5. Modalidades e Tecnologias de Precificação, 137

AIII.6. Estrutura Marginalista, 143

Contextualização

O programa de P&D foi instituído em 1998 pela Agência Nacional de Energia Elétrica com vistas a estimular o desenvolvimento do setor elétrico por meio das concessionárias e permissionárias de Distribuição, Geração e Transmissão de Energia Elétrica. Após aproximadamente 13 anos, inovação, mudanças tecnológicas e melhorias de processos, oriundas deste estímulo, estão presentes nos projetos desenvolvidos, demonstrando o comprometimento e a evolução da gestão dos programas de P&D.

Ressalta-se a importância da ANEEL com a criação de uma superintendência e a constituição da equipe da SPE – Superintendência de Pesquisa e Desenvolvimento e Eficiência Energética.

Dando continuidade às melhorias do programa de P&D, a ANEEL criou as chamadas de projetos estratégicos com o objetivo de desenvolver projetos de pesquisa de interesse nacional, criando espaço para uma sinergia entre as concessionárias, fato que ocorria de forma muito tímida no setor.

No final de 2008 a ANEEL lançou a primeira edição dos Projetos Estratégicos de P&D, previstos na Resolução Normativa nº 316/2008. Esses projetos são aqueles de interesse nacional e de significativa importância setorial, envolvendo elevada complexidade em termos científicos e gerenciais, porém reduzida atratividade para investimento empresarial isolado. Ademais, demandam esforços conjuntos e coordenados de várias empresas e entidades executoras, bem como de elevados recursos financeiros, dada a amplitude do escopo de investigação.

O tema da chamada pública nº 8 ("Metodologia para Estabelecimento de Estrutura Tarifária para o Serviço de Distribuição de Energia Elétrica") era pleito recorrente de distribuidoras e usuários, haja vista a nítida desatualização da estrutura vigente, com repercussões negativas no desempenho econômico nacional.

O Comitê Gestor, grupo de especialistas das áreas de regulação e tarifas das distribuidoras, indicou o Instituto Abradee da Energia como entidade executora, tendo como principais responsabilidades: coordenar de forma articulada o desenvolvimento das diversas abordagens metodológicas, garantir a pluralidade de ideias, evitar a tendência de casos particulares das empresas, priorizar a generalização dos estudos e propostas e orientar da melhor forma a inter-relação entre as linhas de pesquisa e os respectivos executores. Esta combinação de esforços permitiu aceitar o desafio de elaborar uma proposta de projeto de P&D que atendesse os anseios de todos os *stakeholders*.

Conduzir um projeto de interesse comum, mas com uma grande diversidade de experiências e pluralidade de opiniões, é uma tarefa difícil; entretanto, a equipe soube trabalhar sob a coordenação do Dr. Marco Antonio de Paiva Delgado e gerenciamento do Sr. Saulo de Tarso Castilho Júnior, de forma que neste momento é possível materializar todo este estudo em um livro, deixando registradas as principais contribuições técnicas do projeto de P&D para o aprimoramento da estrutura tarifária do setor de distribuição de energia elétrica do Brasil.

Para o programa de P&D da ELEKTRO, este é um marco histórico de organização e gestão, dada a magnitude dos desafios que foram aceitos e cujo desempenho é demonstrado nos resultados obtidos apresentados neste livro.

Agradeço à ANEEL e a seus especialistas, à equipe desenvolvedora do projeto, às consultorias e instituições de pesquisa a grata experiência de participar de um projeto vitorioso como este.

José Francisco Resende da Silva
Gestor do Programa de P&D da ELEKTRO

Sumário Executivo

No final de 2008 a ANEEL lançou a primeira edição dos Projetos Estratégicos de P&D, previstos na Resolução Normativa nº 316/2008. Esses projetos são aqueles de interesse nacional e de significativa importância setorial, envolvendo elevada complexidade em termos científicos e gerenciais, porém reduzida atratividade para investimento empresarial isolado. Ademais, demandam esforços conjuntos e coordenados de várias empresas e entidades executoras, bem como de elevados recursos financeiros, dada a amplitude do escopo de investigação.

O tema da chamada pública nº 8 ("Metodologia para Estabelecimento de Estrutura Tarifária para o Serviço de Distribuição de Energia Elétrica") era pleito recorrente de distribuidoras e usuários, haja vista a nítida desatualização da estrutura vigente, com repercussões negativas no desempenho econômico nacional.

Pela visão dos agentes, os principais benefícios de se realizarem os estudos para o aprimoramento da estrutura tarifária por meio de projeto de P&D estratégico são:

- facilitar a relação entre as empresas e a ANEEL para efetivar avanços na atual estrutura tarifária;
- realizar estudos mais prospectivos para "repensar" e não somente "adequar" a estrutura tarifária vigente; e
- ampliar a autonomia das empresas para aplicar modalidades tarifárias mais racionais aos seus mercados.

Além disso, ressalta-se a recomendação da ANEEL posta na Chamada nº 008/2008: *"embora não se exclua a possibilidade de projetos isolados, dar-se-á preferência a projetos cooperativos, buscando uniformizar critérios, somar esforços e evitar possíveis redundâncias e lacunas no desenvolvimento dos projetos".*

Durante reunião de esclarecimento, realizada no final de 2008, na ANEEL, foi confirmado o interesse dos profissionais da Superintendência de Regulação Econômica e da Superintendência de Regulação da Distribuição em utilizar os produtos desenvolvidos no âmbito do projeto estratégico de P&D como subsídios para a proposição de aprimoramento da estrutura tarifária para o 3º ciclo revisional das distribuidoras. Desta forma, a execução dos projetos de maneira pulverizada entre distribuidoras poderia não atingir esse objetivo e, por isso, foi avaliada a possibilidade de articular as atividades de modo coordenado e cooperado entre as distribuidoras.

Nesse sentido, o Instituto Abradee da Energia (IAE)[1] foi indicado pelo conjunto de distribuidoras como opção viável para operar os objetivos preten-

---

[1] A Associação Brasileira de Distribuidores de Energia Elétrica (Abradee) é uma sociedade civil de direito privado, sem fins lucrativos. A Associação reúne 43 concessionárias de distribuição de energia elétrica, estatais e privadas, atuantes em todas as regiões do país, responsáveis pelo atendimento de 99% do mercado brasileiro de energia. A Abradee foi criada formalmente em 1995, mas sua história teve início com a criação do Comitê de Distribuição (CODI), em agosto de 1975, órgão que já se dedicava ao desenvolvimento do setor de distribuição de energia elétrica no país. A missão institucional da Abradee é contribuir para a excelência na gestão operacional e econômico-financeira de suas associadas com foco no atendimento ao cliente.

O Instituto Abradee da Energia é uma organização da sociedade civil de interesse público, registrada no Ministério da Justiça e tem por finalidade a defesa, preservação e conservação do meio ambiente e promoção do desenvolvimento sustentável. Dedica-se à realização das seguintes atividades: (i) desenvolvimento de treinamento, cursos, estágios, seminários, congressos, exposições, palestras e outros eventos técnicos; (ii) articulação, interlocução e interação entre os diversos segmentos do setor elétrico; (iii) promoção da cultura, da responsabilidade social, da preservação do meio ambiente, do desenvolvimento sustentável econômico e social e combate à pobreza e estímulo aos projetos e ações de promoção social e voluntariado; (iv) estudos e pesquisas, desenvolvimento de tecnologias alternativas, produção e divulgação de informações e conhecimentos técnicos e científicos que digam respeito ao desenvolvimento sustentável, preservação do meio ambiente, cultura, educação e responsabilidade social.

didos. Com efeito, praticamente 85% do mercado de distribuição de energia elétrica participaram deste projeto sob coordenação do IAE na qualidade de entidade executora.

Para esta empreitada o Instituto Abradee da Energia organizou encontro, no início de 2009, entre os profissionais das áreas de regulação e tarifas das distribuidoras interessadas no projeto com professores, pesquisadores e consultores de entidades convidadas com notória contribuição técnica e acadêmica aos temas regulatórios e tarifários. Os objetivos deste encontro foram:

- conhecer as expectativas mútuas sobre a temática de P&D para estrutura tarifária;
- discutir o escopo do termo de referência da ANEEL; e
- verificar o interesse e as possíveis formas de participação destes convidados na execução do projeto.

Os produtos desta interação e da forma de trabalho coordenada pelo Instituto Abradee da Energia foram apresentados em nova reunião realizada na ANEEL, no final de janeiro de 2009. A forma de trabalho proposta pelo IAE foi bem recebida pelos membros da Agência. Ressalta-se que a grande parte dos pontos tratados atendeu as expectativas dos técnicos da ANEEL que participaram daquela reunião.

A possibilidade de contribuir para o aprimoramento da regulamentação do terceiro ciclo revisional foi o norteador das principais e mais promissoras atividades. Na ocasião foi ressaltada, também, a imprescindível participação de profissionais das empresas distribuidoras patrocinadoras. Estes, organizados na forma de "Comitê Gestor" do projeto, tiveram a missão de contribuir para a aplicabilidade e o pragmatismo necessários à proposta regulatória de aprimoramento da estrutura tarifária. Para tanto, receberam a função de:

- auxiliar a definição das diretrizes do projeto;
- selecionar propostas de trabalho e parceiros;
- avaliar periodicamente os resultados parciais do projeto e o desempenho das entidades executoras; e
- preparar a interação com a ANEEL.

No decorrer do projeto, foi intensificada interação com outras entidades e associações setoriais interessadas no conteúdo do projeto e nas suas eventuais implicações. O objetivo foi mostrar os avanços do projeto e coletar a percepção e as demandas destes agentes para o aprimoramento da estrutura tarifária. Neste intuito, realizamos reuniões de nivelamento com participação de representantes da(do):

- ABRACE – Associação Brasileira dos Grandes Consumidores Industriais de Energia e Consumidores Livres.
- ABRACEEL – Associação Brasileira dos Comercializadores de Energia.
- ABRAGE – Associação Brasileira das Empresas Geradoras de Energia Elétrica.
- ANACE – Associação Nacional dos Consumidores de Energia Elétrica.
- CCEE – Câmara de Comercialização de Energia Elétrica.
- EPE – Empresa de Pesquisas Energéticas.
- ONS – Operador Nacional do Sistema.

Além disso, com o objetivo de intensificar a interação com demais entidades representativas do segmento de usuários, bem como garantir visão mais sistêmica das diretrizes e aplicações tarifária, realizamos dinâmica deste *modelo de apoio à decisão* com profissionais da ABRACE, ABRACEEL e ANACE. Detalhes desta interação serão tratados no Item 3.1 (aspectos da gestão) e no Apêndice II (conteúdo resultante)[2].

Praticamente concluído o projeto, cumpre reiterar que a principal motivação desta forma de organização foi a possibilidade de utilizar os produtos desenvolvidos no âmbito deste projeto estratégico de P&D como subsídios para a proposição do aprimoramento da estrutura tarifária para o 3º ciclo revisional das distribuidoras. Nesse sentido, o Instituto Abradee da Energia atuou para articular as atividades de forma coordenada e cooperada. Nossa autoavaliação aponta que atingimos razoavelmente nossos objetivos, pois foi possível:

- Coordenar de forma articulada o desenvolvimento de diversas abordagens metodológicas.
- Garantir a pluralidade de ideias e de percepções para os aspectos investigativos das linhas de pesquisas estabelecidas nos subprojetos.

---

[2] Ressalta-se, desde já, que as opiniões coletadas são exclusivas dos profissionais que participaram das dinâmicas e não representam posicionamento das entidades e/ou empresas às quais são afiliados.

- Ampliar a participação dos profissionais das distribuidoras no desenvolvimento dos estudos com o intuito de expandir a análise da exequibilidade para proposições regulatórias.
- Priorizar generalização dos estudos, partindo de experimentos específicos.
- Orientar o melhor gerenciamento do tempo e da relação entre as linhas de pesquisa, dos produtos gerados até o momento, bem como a integração entre pesquisadores e profissionais participantes no projeto.
- Estabelecer ações para garantir o domínio público da produção do projeto e estimular a efetiva absorção do conteúdo desenvolvido.

O Capítulo 5 (Parte II) produzido especialmente para a Audiência Pública da ANEEL nº 120/2010 (aprimoramento da estrutura tarifária), registra a contribuição do projeto de P&D para o objeto de aperfeiçoamento da estrutura tarifária de distribuição de energia elétrica.

Desta forma, temos como principais recomendações:

- Utilizar as métricas do Custo Médio Total (conforme proposto em [2] e parametrizado com diretrizes apresentadas pela ANEEL[3]) como opção alternativa ao cálculo CIMLP e LDQO, haja vista:
    - ✓ a opção conceitual de utilizar, indiferentemente, custos marginais ou custos médios em função da verificação experimental dos resultados do 2º ciclo de revisão tarifária que aponta, estatisticamente, para condições regulatórias próximas das condições dos rendimentos constantes de escala;
    - ✓ a possibilidade de superar as arbitrariedades para a seleção dos parâmetros pertinentes ao cálculo das métricas tradicionais, reduzindo o tempo despendido para sua realização; e
    - ✓ a necessidade de atualizar a concepção do regime regulatório contido na metodologia de estrutura tarifária em vigor e, funcionalmente, e associar as metodologias de determinação do nível tarifário com o de estrutura tarifária.
- Sinais de Ponta e Fora de Ponta no uso das Redes: Utilizar o referencial teórico proposto em [1] com os dados obtidos em [2] como alternativa às limitações expostas no Item 5.2 deste livro referente ao método vigente.

---

[3] Nota Técnica nº 126/2010 – SRE-SRD/ANEEL, de 6/12/2010. Registra-se, ainda, que as sugestões de simplificação de cunho funcional serão objeto de contribuição específica da Abradee.

- como corolário da proposta anterior, por perda de objeto na aplicação[4], indica-se a utilização de curvas de cargas agregadas por nível e classe de consumo ao invés do uso de tipologia para os exclusivos fins tarifários. Na metodologia em vigor, a tipologia tem como principal aplicação a determinação da estrutura horizontal (estabelecimento dos sinais de ponta e fora de ponta). Porém, como será visto no Capítulo 5, há extrapolações na interpretação teórica e diversas restrições conceituais e operacionais para sua aplicação. Além disso, a proposta de modalidades tarifárias com sinais da demanda reduz ainda mais a necessidade da tipologia.

- modalidades tarifárias: As modalidades tarifárias deverão, também, ser estabelecidas pela conjugação entre os custos do sistema de distribuição e os custos de oportunidade de alternativa competitiva (contestação de mercado). Desta forma, estarão acompanhando a mudança do regime de regulação do custo do serviço para o regime de regulação por incentivos aplicados no setor de distribuição (*Price Cap*) e oferecendo sinais de eficiência alocativa aos usuários[5].

A comparação entre a rotina da metodologia em vigor, estabelecida na Portaria do Ministério de Minas e Energia nº 46/82, e os principais pontos das propostas do projeto de P&D são ilustrados na Figura 1.

A missão deste livro é deixar o registro das principais contribuições técnicas do projeto de P&D para o aprimoramento da estrutura tarifária do setor de distribuição de energia elétrica do Brasil. A possibilidade de que essas contribuições apresentadas, ou pelo menos parte delas, constituam o objeto de aprimoramento da regulamentação vigente, via ato homologatório da ANEEL, será a consolidação do ciclo de inovação esperada para modernizar o racional dos produtos tarifários.

---

[4] Na atual metodologia, a tipologia tem a principal aplicação de determinação dos custos horários e, consequentemente, do estabelecimento dos sinais de ponta e fora de ponta. Nota-se que não se questiona o processo de obtenção da curva de carga estabelecido no Prodist, haja vista as diversas aplicações na regulação, em especial da área técnica. Por outro, surge oportunidade de grande simplificação do procedimento operacional para o estabelecimento da estrutura tarifária, sem perda da qualidade da proposta apresentada.

[5] Adicionalmente observa-se que os custos dos encargos setoriais, apesar das regras legais para suas mensurações, não são relacionados diretamente ao valor agregado das atividades-fins do serviço público de fornecimento de energia elétrica. Além disso, podem distorcer os sinais relativos entre os energéticos, conforme apresentado em [15], reduzindo a competitividade das tarifas de energia elétrica. Assim, seria pertinente realizar a alocação de custos dos encargos nas tarifas e ser estabelecido como componente de valor fixo proporcional ao excedente dos consumidores, conforme proposto em [3], a fim de reduzir a deformação dos preços relativos.

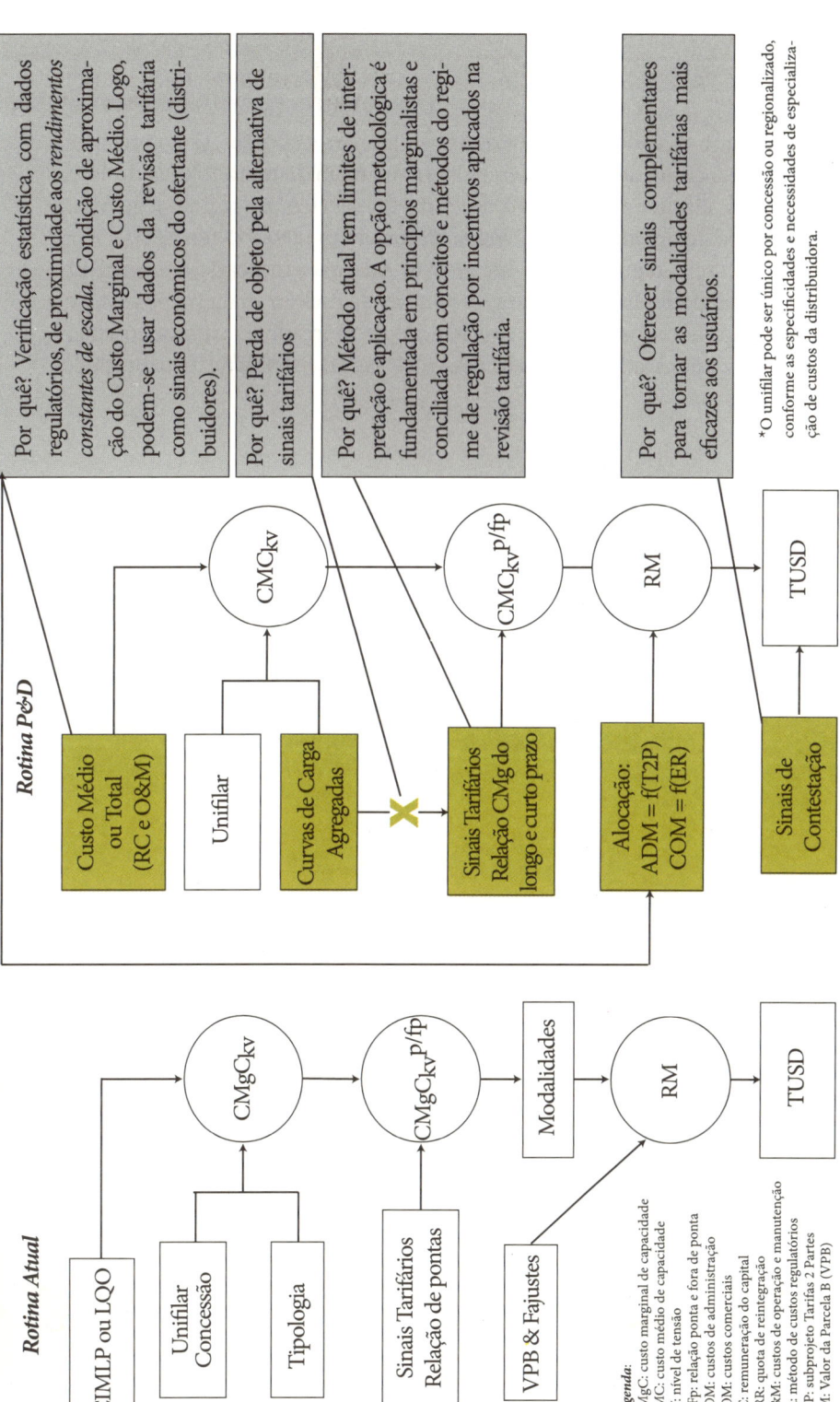

Figura 1. Esquema mestre das primeiras proposições de alteração metodológica para estabelecimento da estrutura tarifária de distribuição de energia elétrica.

Mais do que métodos alternativos, transparentes e eficazes, são oferecidas a atualização e a conciliação do referencial regulatório da metodologia de estrutura tarifária, ainda na concepção do custo do serviço, ao regime legalmente vigente para a determinação no nível tarifária, via processo de revisão tarifária periódica, ou seja, regulação por incentivos. Ademais, indica-se a modernização das modalidades tarifárias para responder, da melhor maneira possível, no ambiente regulado, aos sinais de contestação de mercado e, consequentemente, às necessidades contemporâneas dos usuários do sistema de distribuição de energia elétrica.

PARTE I
GESTÃO DO PROJETO

CAPÍTULO 1
Concepção

1.1. CONTEXTO E MOTIVAÇÃO INSTITUCIONAL

Em 21 de outubro de 2008 a Agência Nacional de Energia Elétrica – ANEEL aprovou oito Chamadas de *Projetos de P&D Estratégicos* para "financiamento/execução" por empresas de energia elétrica. São enquadrados nesta categoria de projeto aqueles cujo desenvolvimento é de interesse nacional e de grande relevância para o setor elétrico, envolvendo elevada complexidade em termos científicos e/ou tecnológicos e baixa atratividade para investimento como estratégia empresarial isolada ou individual. Além disso, necessitam esforços conjuntos e coordenados de várias empresas e entidades executoras e grande aporte de recursos financeiros.

Dentre os projetos, o oitavo – "Metodologia para Estabelecimento de Estrutura Tarifária para o Serviço de Distribuição de Energia Elétrica" – veio ao encontro dos interesses dos agentes e usuários, pois:

- **A estrutura tarifária está desatualizada!** Seus principais parâmetros e sinais relativos foram estimados há mais de 30 anos em arranjo institucional e contratual do setor elétrico completamente diferente do vigente.

- Existem incentivos que estão levando consumidores a um comportamento que não parece minimizar custos e à utilização do sistema. (Por exemplo, excessiva autogeração no horário de ponta e estímulos à migração para a rede básica fora das condições de um "mínimo custo coletivo".)

- Existe um "descolamento" entre os sinais econômicos no mercado de atacado (PLD da CCEE) e no mercado de varejo. No processo de reformulação do modelo do setor elétrico, não houve um esforço de entender a razão das diferenças, tampouco de reconciliar as discrepâncias.

- As recentes tentativas, por parte da ANEEL, de revisar as estruturas tarifárias têm esbarrado em **dificuldade na coleta de dados consistentes**.

- A estrutura tarifária é calculada **abstraindo-se, por completo, das metodologias que determinam a receita requerida** para o equilíbrio econômico-financeiro da atividade de distribuição e que são aplicadas nos processos de revisão tarifária.

- A atual metodologia **não considera os aspectos da dimensão espacial** tratados na tarifação dos sistemas de transmissão.

- Aspectos relacionados à **qualidade do serviço** e à **elasticidade preço-demanda** dos usuários não são observados na metodologia atual de estrutura tarifária.

A importância dada ao tema pode ser observada pelo elevado interesse manifestado pelas distribuidoras em financiar e/ou executar o projeto, como pode ser visto na Tabela 1.1.

Pela visão dos agentes, os principais benefícios de se realizarem os estudos para o aprimoramento da estrutura tarifária por meio de projeto de P&D estratégico são:

- facilitar a relação entre as empresas e a ANEEL para efetivar avanços na atual estrutura tarifária;

- realizar estudos mais prospectivos para "repensar" e não somente "adequar" a estrutura tarifária vigente; e

- aumentar a autonomia das empresas para aplicar modalidades tarifárias mais racionais aos seus mercados.

Tabela 1.1. Distribuidoras patrocinadoras do projeto

GRUPO	DISTRIBUIDORA
AES	AESSul e ELETROPAULO
ENDESA	AMPLA
CEB	CEB-D
CEEE	CEEE-D
CEMIG	CEMIG-D
CHESP	CHESP
ELETROBRAS	CEAL
NEOENERGIA	COELBA, COSERN e CELPE
COPEL	COPEL-D
CPFL	PAULISTA, PIRATININGA, RGE, MOCOCA, LESTE, SUL, JAGUARI e SANTA CRUZ
ENERGISA	PARAÍBA, BORBOREMA, SERGIPE, MINAS GERAIS e NOVA FRIBURGO
ENERGIAS	BANDEIRANTE, ESCELSA
ASHMORE[1]	ELEKTRO
RME[2]	LIGHT
EQUATORIAL	CEMAR
REDE	CELPA e CEMAT

Nesse sentido, o Instituto Abradee da Energia foi indicado pelo conjunto de distribuidoras como opção viável para:

- coordenar de forma articulada o desenvolvimento de diversas abordagens metodológicas;
- garantir a pluralidade de ideias e de percepções para os aspectos investigativos das linhas de trabalho pretendidas;
- ampliar a participação dos profissionais das distribuidoras no desenvolvimento dos estudos com o intuito de expandir a análise crítica e o necessário pragmatismo para as possíveis proposições regulatórias;
- evitar a tendência de casos particulares das empresas;

---
[1] Atualmente pertencente ao grupo espanhol Iberdrola.
[2] Atualmente pertencente ao grupo Cemig.

- priorizar a generalização dos estudos e propostas; e
- orientar o melhor gerenciamento do tempo e da razoável inter-relação entre as linhas de pesquisa e os respectivos executores.

Desta forma, praticamente 85% do mercado de distribuição de energia elétrica participou deste projeto sob coordenação do Instituto Abradee da Energia[3] na qualidade de entidade executora.

1.2. OBJETIVOS DO PROJETO

Mediante as limitações da estrutura tarifária vigente no Brasil apontadas no item anterior, as atividades para o aprimoramento incluídas no projeto de P&D analisaram e abordaram:

1. **O estado da arte dos modelos e técnicas** mundialmente utilizados apontando as principais características de cada sistema, as vantagens, as desvantagens e as limitações de cada metodologia, bem como as melhores práticas internacionais e os respectivos casos reais em que foram aplicadas para equacionamento de problemas similares aos identificados no Brasil.

2. **A estrutura tarifária atualmente praticada no Brasil** no contexto do atual arranjo institucional do setor elétrico, identificando sinais econômicos distorcidos, desnecessários ou ineficientes, tanto nas parcelas de energia quanto na tarifa de uso do sistema de distribuição, bem como na existência de subsídios cruzados, efeitos de poder de mercado e compatibilidade entre a precificação no mercado de atacado e de varejo.

3. **A elaboração de proposta de nova metodologia de estrutura tarifária** para o sistema elétrico brasileiro, incluindo o sistema interligado e os sistemas isolados, que solucione os problemas observados na estrutura tarifária atualmente em vigor, inclusive propondo novos postos e modalidades tarifárias, se aplicáveis.

4. **As vantagens e desvantagens das modificações propostas** em relação à estrutura tarifária atual. Estudo sobre a forma de implantação da nova estrutura tarifária, as dificuldades esperadas para a sua implantação e os impactos tarifários esperados para os usuários.

---

[3] Esta entidade é juridicamente distinta da Abradee; é uma Organização da Sociedade Civil de Interesse Público, sem fins lucrativos, e tem por finalidade, dentre outras, a promoção do desenvolvimento sustentável. Para isso, dedica-se à realização de atividades como a de promover a articulação, a interlocução e a interação entre os diversos segmentos do setor elétrico para realizar estudos e pesquisas e divulgação de informações e conhecimentos técnicos e científicos. Eventos como SENDI são organizados pelo Instituto Abradee da Energia, por exemplo.

5. **A avaliação das novas tecnologias** de medição e controle, e como estas podem ser usadas para facilitar a implementação da nova metodologia de estrutura tarifária proposta.

1.3. ORGANIZAÇÃO DO PROJETO

1.3.1. Atividades Preparatórias

Inicialmente, antes da publicação do termo de referência da ANEEL (Chamada Pública nº 008/2008), foi convocada uma reunião com os associados da Abradee que têm participação ativa nas áreas regulatórias e tarifárias com o objetivo de conhecer seus projetos e suas intenções de investigação no tema da estrutura tarifária.

Foram apresentados, por esses agentes, quinze projetos ou intenções (conforme o grau de maturidade da proposta). Mediante avaliação colegiada realizada na Abradee, quatro intenções de projetos foram consideradas fora do escopo dos estudos para o aprimoramento da estrutura tarifária.

A reunião realizada no final de novembro de 2008 com técnicos da ANEEL, referente aos termos da Chamada Pública nº 008/2008, confirmou as expectativas dos profissionais da Superintendência de Regulação Econômica e Superintendência de Regulação da Distribuição em **utilizar, no que couber, os produtos desenvolvidos no âmbito do projeto estratégico de P&D como subsídios para a proposição de aprimoramento da estrutura tarifária para o 3º ciclo revisional das distribuidoras**. Desta forma, a execução dos projetos de forma pulverizada entre distribuidoras poderia não atingir esse objetivo e, por isso, foi avaliada a possibilidade de articular as atividades de forma coordenada e cooperada entre as distribuidoras.

Para esta empreitada, o Instituto Abradee da Energia organizou um encontro, no início de janeiro, entre os profissionais das áreas de regulação e tarifas das distribuidoras interessadas no projeto com professores, pesquisadores e consultores de entidades convidadas com notória contribuição técnica e acadêmica nos temas regulatórios. Os objetivos deste encontro foram:

- conhecer as expectativas mútuas sobre o tema de P&D;
- discutir o escopo do termo de referência da ANEEL; e
- verificar o interesse e as possíveis formas de participação destes convidados na execução do projeto.

A partir deste momento, novas interações com as entidades executoras e com membros da ANEEL foram realizadas para refinar o escopo e definir a melhor maneira de garantir ampla investigação, porém com parcimônia para não internalizar atividades similares com prismas redundantes, de modo a evitar ineficiência na utilização dos recursos humanos e financeiros.

1.3.2. Estruturação das Linhas de Pesquisas

No contexto de organização coordenada e cooperada, o Instituto Abradee da Energia propôs a formação do "Comitê Gestor", objetivando contribuir para a aplicabilidade e o pragmatismo necessários à proposta regulatória de aprimoramento da estrutura tarifária. Este foi composto por profissionais das empresas distribuidoras patrocinadoras, que tiveram a função de:

- auxiliar a definição das diretrizes do projeto;
- selecionar propostas de trabalho e parceiros;
- avaliar periodicamente os resultados parciais do projeto e o desempenho das entidades executoras; e
- preparar a interação com a ANEEL.

Na verdade, as atividades de preparação já contaram com apoio de membros deste Comitê. Nos moldes protocolares do formulário da ANEEL, os membros do "Comitê Gestor" foram apresentados como pesquisadores.

No que se refere ao conteúdo do projeto, o campo de atuação para o aprimoramento foi segmentado em características de escopo e de abrangência para modelar subprojetos. O interesse foi o de melhor alocar as equipes, conforme suas especialidades e possibilidade de contribuição e atender necessidades temporais para a proposição regulatória. Desta forma, buscam-se:

- **Adequar**: atualização dos principais parâmetros da metodologia atual.
- **Incrementar**: estudos com objetivos de associar as metodologias de revisão tarifária com os de estrutura tarifária, bem como a ampliação das modalidades e postos tarifários atuais.
- **Convergir**: relacionar os estudos e os aprimoramentos metodológicos da tarifação da transmissão para aplicações na alta-tensão de distribuição, inclusive os resultados do projeto de P&D Estratégico nº 03/2008.[4]

---

[4] Metodologia de Alocação dos Custos do Sistema de Transmissão.

- **Repensar**: alterar o paradigma metodológico vigente, incluindo estudos relacionando os custos da qualidade de serviço, bem como conceitos de sinalização econômica em mercados sob competição.

Esta segmentação não deve ser entendida como limite rigoroso entre os subprojetos, mas como sua principal contribuição ao projeto estratégico. Ademais, os resultados esperados do projeto estratégico, conforme Item 2.2 da Chamada Pública nº 008/2008, foram associados da melhor maneira possível aos subprojetos, conforme pode ser visto na Figura 1.1.

Linhas de Desenvolvimento	Itens ANEEL	Resultados Esperados
Adequar/incrementar / convergir	a	Estado da arte (países similares) Comparação da estrutura brasileira e prática internacional
	b	Diagnóstico da estrutura atual
	c	Análise da cadeia de custos, modulação da carga e preços de energia
	d	Nova metodologia 3º ciclo: ajustes, sistema isolado, novos postos e modalidades
	g	Estudo sobre forma de implantação e impactos tarifários
Repensar de forma estruturada	a'	Estado da arte (países vanguarda)
	e	Avaliação de novas metodologias aplicáveis ao Brasil
	d'	Proposição de novas metodologias
	f'	Análise das vantagens e desvantagens em relação à estrutura atual
	g	Estudo sobre forma de implantação e impactos tarifários
	h	Avaliação de tecnologias de medição e sua relação com a nova estrutura
Repensar – projetos isolados		Fundamentos teóricos Custo da energia não suprida e aplicação nas metas de qualidade Elasticidade preço da demanda e capacidade de pagamento Cálculo bem-estar social e excedente dos consumidores

*Principais características
– Etapas de "adequar/incrementar/convergir": 18 meses
– Etapas de "repensar": 24 meses
– Etapas de "repensar" em projetos isolados: 12 meses

Figura 1.1. Linhas de pesquisa e resultados esperados.

Os prazos de desenvolvimento para as diversas linhas de pesquisa e subprojetos foram delineados de forma a observar a possibilidade de subsidiar proposta de nova regulamentação para o terceiro ciclo revisional das distribuidoras.

As proposições de "repensar" a metodologia vigente foram segmentadas na abrangência ampla (estruturados), a fim de atingir todo o segmento de usuários, bem como de abrangência limitada (isolados). Estas, por sua vez, podem contribuir para um conjunto específico de usuários ou complementar propostas enquadradas nas classificações anteriores.

Ao todo, o Comitê Gestor recebeu propostas de quatro universidades e cinco consultorias. Após a análise efetuada e as conclusões obtidas em reuniões realizadas especificamente com as entidades proponentes, foi possível:

- Sugerir a aglutinação de propostas que apresentavam escopo e abrangência similares (entidade A e entidade B)[5], bem como das que indicavam ganhos de complementaridade técnica e operacional (entidade C e entidade D).
- Selecionar propostas que estavam aderentes aos objetivos do projeto estratégico de P&D e sua busca de generalização.

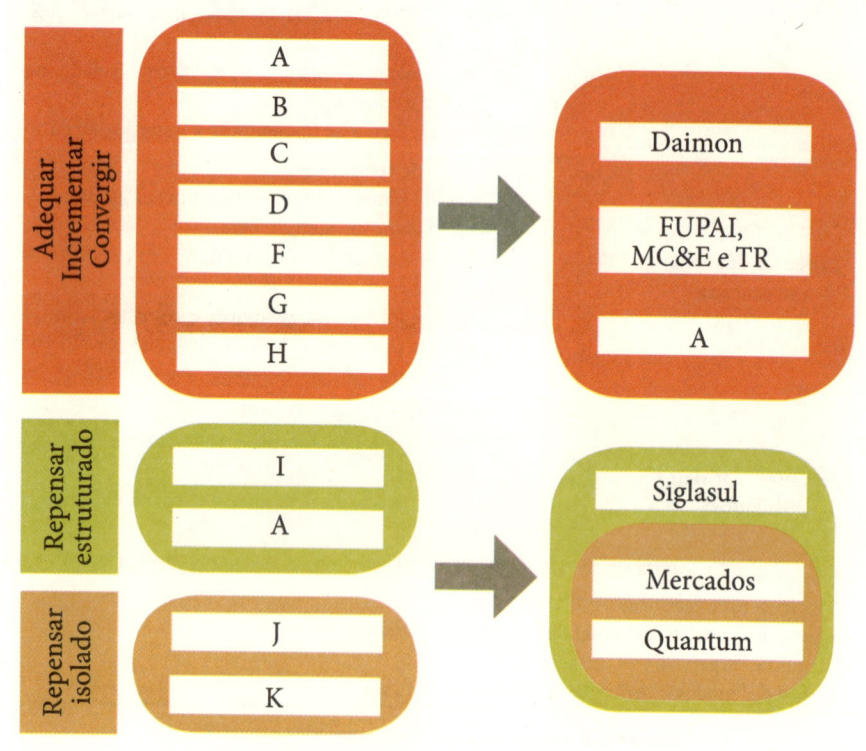

Figura 1.2. Resultado do processo seletivo de entidades parceiras.

---
[5] O consórcio foi desfeito, com a saída de uma das entidades, pois a proposta do comercial não trouxe benefícios esperados, segundo avaliação de membros do "Comitê Gestor".

CONCEPÇÃO 11

A Figura 1.2 ilustra o resumo desta etapa de análise. As entidades que passaram para a 2ª fase foram identificadas no lado direito da ilustração.

A mutação do orçamento das atividades foi outro requisito trabalhado e acompanhado por membros do "Comitê Gestor". A estimativa inicial de R$ 14,8 milhões foi obtida pelo somatório de custos de todas as propostas inicialmente recebidas das entidades convidadas, dos custos administrativos e do custeio dos profissionais das distribuidoras que participarão do "Comitê Gestor". Após o processo seletivo descrito anteriormente, obteve-se o valor de R$ 11,4 milhões.

A terceira etapa de negociação priorizou a racionalidade do escopo e, inclusive, a ampliação da abrangência das propostas remanescentes. Estes ajustes, conforme orientação dos membros do "Comitê Gestor", resultaram no valor total de R$ 13,8 milhões[6]. A mutação de investimento em função destas etapas está apresentada na Figura 1.3, a seguir:

Investimento (milhões de reais)

□ Pesquisa de âmbito nacional do Custo da Energia não Suprida

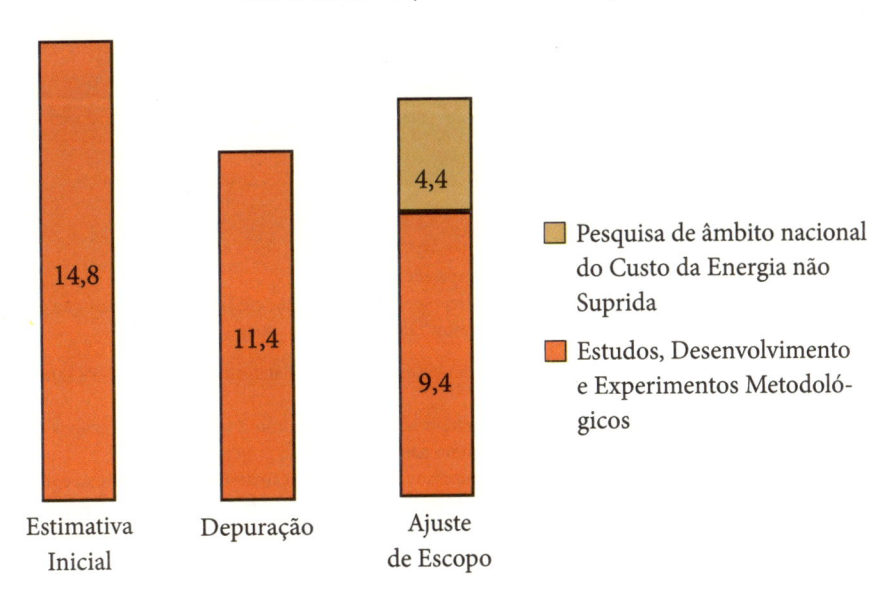

■ Estudos, Desenvolvimento e Experimentos Metodológicos

Estimativa Inicial: 14,8
Depuração: 11,4
Ajuste de Escopo: 9,4 + 4,4

Figura 1.3. Resultados orçamentários das ações de negociação, depuração e refinamento de escopo.

---

[6] Merece especial destaque o incremento de custos ocasionado pela pesquisa de âmbito nacional para estimar de forma direta e indireta os Custos da Energia não Suprida. Sem este incremento o investimento seria de R$ 9,4 milhões.

Posteriormente foi efetuada nova rodada para refinamento de escopo em algumas propostas, bem como a intensificação da negociação de preço, principalmente junto às empresas consultoras. Por outro lado, foi substituída a previsão de custeio do "Comitê Gestor" pelas informações enviadas pelas próprias empresas[7]. Os efeitos conjugados trouxeram redução de R$ 2,5 milhões ao projeto, perfazendo R$ 10,8 milhões.

1.3.3. Avaliação Inicial da ANEEL (Ofício 134/2009 – SPE/ANEEL)

Em 28 de abril a SPE/ANEEL emitiu o Ofício nº 134/2009 contendo o parecer sobre a avaliação inicial do projeto submetido. Os resultados estão apresentados na Tabela 1.2.

Tabela 1.2. Resultado da Avaliação Inicial da ANEEL

Critério	Pontuação	Conceito
Originalidade	4	Bom
Aplicabilidade	3	Aceitável
Relevância	4	Bom
Razoabilidade dos custos	2	Insuficiente
Nota e conceito	**3,3**	**Aceitável**

---

[7] Foram constituídas recomendações gerais para a especificação:
1. Nome, CPF e titulação acadêmica (doutor, mestre, especialista, superior etc.) dos profissionais que participarão do projeto na condição do "Comitê Gestor". Recomendamos que:

   a. desde já, estes profissionais atualizem ou criem seus currículos na plataforma Lattes do CNPq (http://lattes.cnpq.br);
   b. considerem 1 (um) profissional por grupo empresarial e no máximo 2 (dois) para os grupos que apresentaram duas ou mais distribuidoras como patrocinadoras do projeto;
   c. sejam observados os requisitos acadêmicos mínimos para participação destes profissionais na equipe do projeto, conforme o termo de referência da ANEEL. Ressaltamos que foi negociada a possibilidade da participação de profissionais sem aqueles requisitos, desde que demonstrada notória especialidade.

   A carga de trabalho destes profissionais deve ser de 20h/mês para a participação mensal no "Comitê Gestor". Para atividades mais intensas de acompanhamento dos projetos e subprojetos poderão ser dimensionadas até 60h/mês.
   O custo horário destes profissionais deve ser informado e calculado conforme os procedimentos já adotados pelas gerências de P&D nas respectivas empresas.
   Deve ser informada a estimativa de despesas de viagens destes profissionais conforme as seguintes orientações: 1 (uma) reunião mensal no Rio de Janeiro ou Brasília. Para os profissionais com maior participação devem ser considerados até dois deslocamentos mensais.

CONCEPÇÃO

O projeto foi aprovado, porém, sob restrições. As principais foram:

- No âmbito do mérito, o subprojeto CENS foi apontando como relevante para o setor elétrico, mas incompatível ao escopo do projeto de estrutura tarifária.
- No âmbito orçamentário, as despesas de viagem e a constituição profissional do "Comitê Gestor" foram questionadas.

O parecer foi apreciado pelos membros do "Comitê Gestor" por teleconferência de 30 de abril de 2009 e as deliberações iniciais ratificadas em 5 de maio de 2009. *A principal deliberação foi a de confirmar a participação de todas as Distribuidoras no projeto*. Nas demais, de âmbito operacional, foram realizados alguns ajustes na proposta para final de submissão. A síntese dessas adequações é apresentada na Tabela 1.3.

Tabela 1.3. Síntese dos Ajustes para submissão final do projeto à ANEEL

Subprojeto	Entidade	Críticas	Risco de Glosa	Relevância no Projeto	Deliberação
CENS	Mercados	– Mérito (fora do escopo) – Equipe (integral)	Elevado	Baixa	Reapresentar o conteúdo em outra oportunidade
Tarifa 2P	Quantum	Equipe (Membros-chave)	Médio	Média	Atualizar Lattes e carga da equipe
Repensar	Siglasul	– Equipe (alguns)	Médio	Média	Redistribuir carga da equipe Novo orçamento
CMTC	UFJF	– Equipe (um membro)	Baixo	Média	Atualizar Lattes
Elasticidade	TR	– Mérito – Equipe (um membro)	Médio	Média	Registrar justificativas e ressalvas no contrato
Locacional	MC&E	– Equipe (integral)	Baixo	Alta	Atualizar Lattes
Aprimorar	Daimon	– Equipe operacional (programadores)	Baixo	Alta	Ajustar qualificação da equipe
Comitê	Empresas	Custos e qualificação	Elevado	Alta	Registrar os participantes nos relatórios

Desta forma, o orçamento das atividades executoras passou de R$ 7,8 milhões para R$ 4,6 milhões, ou seja, uma redução de 42%. O custeio do "Comitê Gestor" foi redimensionado e reduzido em 35%.

Assim, o orçamento total do projeto (entidade executora, entidades parceiras e distribuidoras) inicialmente submetido por R$ 10,8 milhões foi reapresentado por R$ 6,5 milhões na esteira da razoabilidade.

1.3.4. Proposta de Gestão e Fiscalização

Os principais pontos relativos à gestão do projeto realizada de forma coordenada e cooperada estão apresentados a seguir. Cabe salientar que a empresa proponente foi consequência da escolha do gerente do projeto realizada por membros do "Comitê Gestor".

- Forma de gerenciamento: coordenado pelo Instituto Abradee da Energia.
- Distribuidora proponente do projeto estratégico: ELEKTRO.
- Gerente do projeto: Saulo Castilho.
- Coordenador do projeto: Marco Delgado (Instituto Abradee da Energia).
- Critério de rateio do projeto estratégico pelas distribuidoras patrocinadoras: PROPORCIONAL À RECEITA OPERACIONAL LÍQUIDA DAS EMPRESAS.
- Como serão aplicadas eventuais penalidades de performance: RISCO SOLIDÁRIO, OU SEJA, PROPORCIONAL AO PATROCÍNIO DAS EMPRESAS.

Além disso, cabe registrar as solicitações adicionais apresentadas pelo Instituto Abradee da Energia aos representantes da ANEEL em reunião realizada no final fevereiro de 2009:

- Considerar a diferenciação entre a remuneração de instituições de pesquisa e a de empresas consultoras.
- Reconhecer os membros do "Comitê Gestor" como pesquisadores das distribuidoras. Na ocasião informamos que as distribuidoras patrocinadoras do projeto receberam orientações gerais de dedicação, de capacitação e de custeio dos profissionais que participarão do referido "Comitê".
- Analisar a notória especialização profissional como equivalente à titulação acadêmica exigida para participar como pesquisador.
- Aceitar a participação no projeto de distribuidoras que não se manifestaram na época da chamada pública.
- Disponibilizar a Receita Operacional Líquida-ROL homologada de todas as distribuidoras para o cálculo do rateio do projeto.

CONCEPÇÃO 15

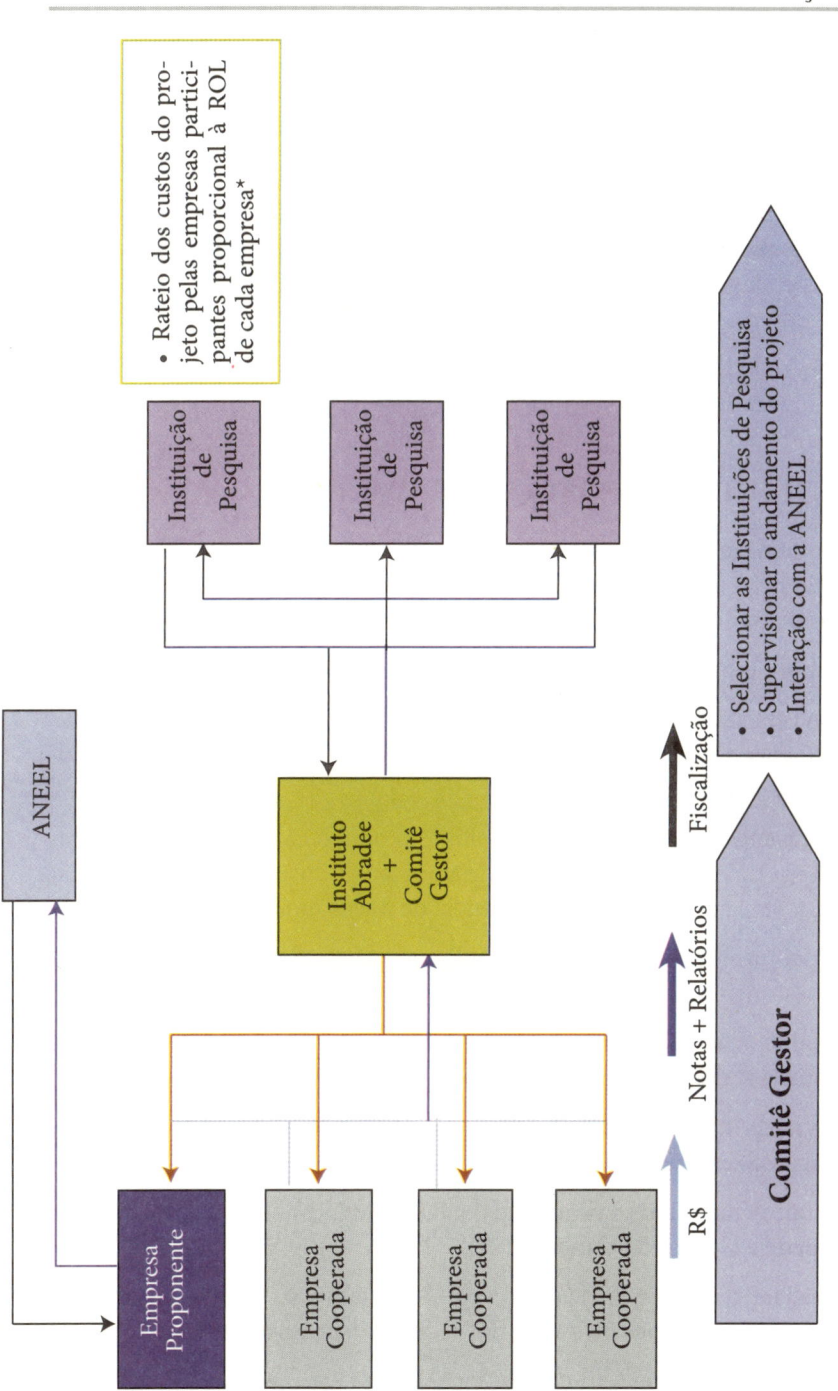

- Rateio dos custos do projeto pelas empresas participantes proporcional à ROL de cada empresa*

Figura 1.4. Fluxo de relacionamento financeiro e do processo de fiscalização.

*Na eventualidade de algum custo ser considerado impróprio, o mesmo será rateado pelas empresas participantes na mesma proporção dos custos do projeto.

Comitê Gestor
- Selecionar as Instituições de Pesquisa
- Supervisionar o andamento do projeto
- Interação com a ANEEL

- Analisar a proposta de fiscalização:

  ✓ Recursos financeiros repassados ao Instituto Abradee da Energia e às demais entidades executoras serão informados pela ELEKTRO que, por sua vez, responderá à fiscalização da ANEEL.

  ✓ Recursos do projeto aplicados diretamente pelas distribuidoras participantes (pesquisadores do corpo funcional, capacitação e custeio de viagens) serão apenas consolidados pela ELEKTRO. As próprias empresas responderão à fiscalização da ANEEL por estes dispêndios.

O esboço do fluxo de relações comerciais e de fiscalização proposto é ilustrado na Figura 1.4.

1.4. SÍNTESE DA PROPOSTA DE TRABALHO

Neste item apresentamos síntese das propostas dos subprojetos. É dada especial atenção às suas especificidades e ao enquadramento nos campos de pesquisas definidos no Item 1.3.2 e dos ajustes no Item 1.3.3.

- Subprojeto "**Estrutura Marginalista**" (parceiro: Daimon):

1. Revisitar as bases conceituais de precificação de monopólios; as metodologias de cálculo de custos de redes, bem como os procedimentos para a caracterização da carga.
2. Apresentar alternativas metodológicas para o cálculo da responsabilidade de potência para os fins de alocação de custos aos diversos usuários, bem como avaliar a pertinência de novas modalidades tarifárias.
3. Discutir modelo regulatório de aplicação generalizável para previsão de investimentos.
4. Avaliar a adequação das atuais regras e formas de repasse dos custos da parcela A dos contratos de concessão das distribuidoras.
5. Fornecer modelo computacional protótipo e avaliação de resultados e impactos em casos de teste.

- Subprojeto "**Sinais Locacionais**" (FUPAI/MC&E) e Subprojeto "**Elasticidade e Gestão da Carga**" (TR):

1. Realizar a análise crítica da evolução detalhada do modelo tarifário francês nos últimos 30 anos e dos recentes estudos no modelo inglês.
2. Diagnosticar as origens de *gaps* tarifários da estrutura atual.

3. Desenvolver análises para implementar modelagem computacional relativa à elasticidade demanda-preço e à elasticidade de substituição (alocações e transações de produtos entre os horários de ponta e fora de ponta).
4. Experimentar a composição da metodologia locacional e temporal para usuários conectados em 138 e 69 kV.
5. Aprofundar estudos para tarifação de geradoras conectadas nas redes de MT.
6. Desenvolver estrutura de "Menu de Tarifas" considerando formas e épocas de uso.
7. Avaliar os impactos, através de aplicação de modelo de simulação, no comportamento de carga em relação à variação de preços.
8. Ambos subprojetos forneceram *softwares* protótipos.

- Subprojeto "Custo Médio Temporal do Ciclo Tarifário-**CMTC**" (parceiro: FCT):

1. Desenvolver metodologia alternativa para o cálculo dos custos da rede convergente com os métodos e parâmetros adotados na revisão tarifária das distribuidoras. Privilegiará a simplicidade e a direta reprodutibilidade dos cálculos.
2. Realizar as aplicações para o conjunto de distribuidoras patrocinadoras do projeto.

- Subprojeto "**Modalidades e Tecnologias de Precificação**" (parceiro: Siglasul):

1. Realizar levantamento da prática internacional referente ao grau de liberdade para propostas das distribuidoras e ao uso das tecnologias de medição.
2. Avaliar as inovações implementadas em países selecionados, com especial destaque para as novas modalidades de precificação energia/demanda, novas classes de consumo, tratamento da geração distribuída; e critérios de definição de políticas de subsídio.
3. Desenvolver propostas de redefinição tarifária, observando a abrangência dos custos de oferta e das características da demanda.
4. Organizar processo de avaliação e decisão entre as propostas tarifárias desenvolvidas.

5. Disponibilizar modelos econométricos para estimar a elasticidade – preço dos consumidores e a intensidade das migrações resultantes, bem como o modelo computacional protótipo dos modelos tarifários.

- Subprojeto "**Tarifas 2 Partes**" (parceiro: Quantum):

1. Desenvolver metodologia e ferramenta de cálculo do bem-estar e do excedente dos consumidores.
2. Calcular o limite dos excedentes considerando o "custo da melhor oportunidade alternativa". Por sua vez, o cálculo do bem-estar social será realizado pela relação entre a renda oriunda da aplicação da estrutura tarifária atual e o excedente do consumidor.
3. Aplicar critério de tarifas em duas partes (componente variável conforme consumo e parcela fixa proporcional ao excedente do consumidor).
4. Propor critério científico para balizar definição de tarifa social ou baixa renda, baseado nas simulações do excedente do consumidor e do bem-estar social.

1.5. CRONOGRAMA DAS ATIVIDADES E PRODUTOS ESPERADOS

1.5.1. Cronograma

O macrocronograma de atividades do projeto, bem como a distribuição dos investimentos são apresentados na Figura 1.5.

Como mencionado anteriormente, o "Comitê Gestor" é constituído por profissionais das distribuidoras participantes/financiadoras do projeto. Estes, além das missões já estabelecidas, terão a função de transferir o conhecimento e os métodos desenvolvidos no projeto para a operação em suas empresas. Desta forma, para atender a todos os objetivos, advogou-se pela imprescindível participação destes profissionais no projeto.

Cabe ressaltar que as frequências e os custos de deslocamento foram apresentados como estimativas iniciais para os fins de orçamento desta proposta. Na primeira submissão o "Comitê" foi composto por 22 membros (no conjunto de 32 distribuidoras). Posteriormente, após emissão do Ofício nº 134/2009 da SPE-ANEEL, como já mencionado, o custeio foi refinado e sua composição redimensionada, de modo que foi constituído por 15 membros (no conjunto de 32 distribuidoras).

Elaboração de plano de implantação

(por trimestre)	1T	2T	3T	4T	5T	6T	7T	8T
Etapa 1 - Estado da arte	x							
Revisita aos fundamentos econômicos	x	x						
Experiência internacional	x	x						
Práticas internacionais		x						
Primeiras modelagens								
Etapa 2 - Desenvolvimentos Parciais			x	x				
Redefinição de modalidades tarifárias			x	x1				
Resultados do CMTC (Final)			x	x				
Resultados da Compatibilidade Locacional AT com o tempo de uso MT			x	x				
Composição da "T2P"			x	x				
Definição de estruturas tarifárias alternativas								
Etapa 3 - Desenvolvimentos Parciais e Consolidações					x	x		
Critérios de repasse da Parcela A					x2			
Consolidação da proposta de "Tarifa Social" (Final)					x	x		
Compatibilização dos estudos locacionais aos resultados do projeto estratégico 3					x	x		
Consolidação do simulador de elasticidade "tarifa-demanda"					x	x		
Simulação de estruturas tarifárias alternativas								
Etapa 4 - Finalização							x	x3
Testes e validações dos modelos das etapas em consolidação							x	
Elaboração de manuais tarifários								x4
Proposta de implantação	x	x	x	x	x	x	x	x
Acompanhamento, avaliação, recomendações do "Comitê Gestor"								

Distribuição dos recursos financeiros no desenvolvimento do projeto	1T	2T	3T	4T	5T	6T	7T	8T	Total
Estudos e investigações e contribuições parciais	19%	14%							33%
Desenvolvimento e consolidações parciais			11%	10%	12%	11%			45%
Consolidação e finalização							11%	11%	22%
Unidade monetária (mil reais)	875	632	518	459	550	522	499	524	4.579

CONSOLIDAÇÕES
x1 – Término do Subprojeto CMTC (FCT)
x2 – Término do Subprojeto "Tarifa 2 Partes" (Quantum)
x3 – Término dos subprojetos "Convergência" (Fupai, TR, MC&E e Daimon)
x4 – Término do subprojeto "Modalidades e Tecnologia de Precificação" (Siglasul)

Figura 1.5. Macrocronograma do projeto.

1.5.2. Produtos Esperados

O objetivo final deste projeto, como já mencionado, é subsidiar o aprimoramento metodológico para a estrutura tarifária de distribuição de energia elétrica. Desta forma, os subprojetos contribuirão para, conforme o escopo, adequar e aprimorar metodologias vigentes; avaliar, desenvolver, testar e propor metodologias inovadoras; bem como experimentar métodos alternativos para ampliar a compreensão da relação qualidade–custo dos serviços aos usuários. Estas ações foram formalizadas em relatórios e laudos. Além disso, o desenvolvimento de modelos, simuladores e protótipos e suas aplicações generalizáveis são atividades necessárias para alcançar a meta esperada e, consequentemente, serão produtos complementares deste projeto.

As periodicidades dos informes de acompanhamento dos avanços dos trabalhos, as principais características dos produtos finais de cada subprojeto, bem como os produtos complementares estão apresentados na Tabela 1.4.

Tabela 1.4. Produtos principais dos subprojetos

Subprojeto	Informes parciais	Produtos	
		Final	Complementar
Estrutura Marginalista	trimestrais	Desenvolvimento metodológico	*Software* protótipo
Locacional; Elasticidade e Gestão da Carga	bimestrais	Desenvolvimento metodológico	*Software* protótipo
CMTC	trimestrais	Desenvolvimento metodológico	Modelo de planilha
Modalidades e Tecnologias de Precificação	bimestrais	Desenvolvimento metodológico	Modelo econométrico e de apoio à decisão e *softwares* protótipos
Tarifa 2P	trimestrais	Aplicação metodológica	Modelo de planilha
"Comitê Gestor"	mensais	Relatório de recomendações	Registro do processo de integração
ANEEL	quadrimestrais	Relatório de recomendações	Registro do processo de integração

Cabe salientar que todos os documentos e informes consolidados dos subprojetos foram disponibilizados, porém foi oferecido também relatório de análise e síntese de todas as atividades em desenvolvimento com o objetivo de consubstanciar o desenvolvimento integral do projeto, registrar as avaliações e indicar os encaminhamentos necessários. A confecção deste último relatório subsidiou a produção dos Relatórios Executivos enviados antecipadamente à ANEEL para a realização das reuniões periódicas de acompanhamento.

CAPÍTULO 2
Gestão das Atividades

2.1. SISTEMA DE GESTÃO DO PROJETO

Dado (1) o amplo escopo de atividades do projeto, (2) a elevada participação de pesquisadores e de profissionais das distribuidoras patrocinadoras, bem como (3) a ênfase na transparência do método e procedimentos, foi desenvolvido aplicativo, via WEB, para o acompanhamento técnico e administrativo do projeto. O "**Sistema de Gestão do Projeto Estratégico de P&D da Estrutura Tarifária**" permite que todos os integrantes acessem a biblioteca de documentos técnicos produzidos no projeto (fichas de acompanhamento, relatórios parciais, relatórios de etapa etc.), bem como os documentos administrativos vinculados à operação dos projetos (contratos, documentos fiscais, acompanhamento da realização financeira etc.). O acesso é restrito aos membros do Comitê e efetivado por meio do site do iABRADEE (Figura 2.1)

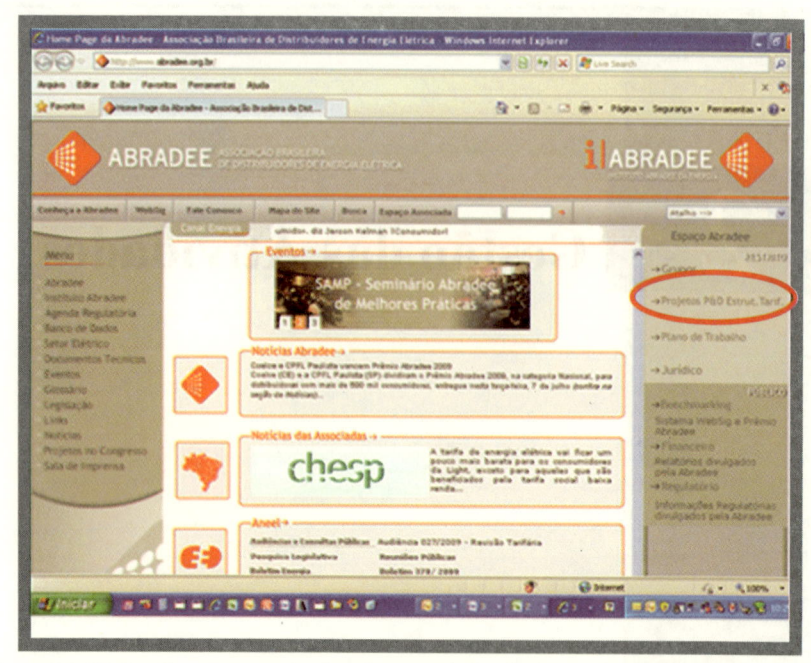

24 DESAFIOS DA INOVAÇÃO EM SERVIÇOS PÚBLICOS REGULADOS

Figura 2.1. Página de acesso restrito (mediante senha) pela Internet (www.abradee.org.br).

Figura 2.2. Visualização do ambiente de consulta.

A "sala" de consulta é estruturada por funcionalidade e natureza dos documentos. São organizados por data de submissão ao sistema (Figura 2.2),

A interação protocolar com as demais entidades parceiras também é realizada por meio do sistema. São encaminhadas, via Web, as "fichas mensais de acompanhamento, bem como os demais documentos técnicos (relatórios, apresentações etc.). O acesso dos pesquisadores das entidades parceiras é realizado em local específico (Figura 2.3).

Figura 2.3. Visualização do ambiente de envio de informações técnicas pelos parceiros.

No segundo quadrimestre do projeto foi implantada a versão 2.0 do Sistema de Gestão que, por sua vez, trouxe:

- A funcionalidade do **Fórum** (Figura 2.4) para realização de comunicados da gestão administrativa e da coordenação técnica, bem como discussões sobre os assuntos específicos de cada subprojeto.
- O **Acompanhamento do Plano de Trabalho** com cronograma individualizado por subprojeto (Figuras 2.5a e 2.5b).

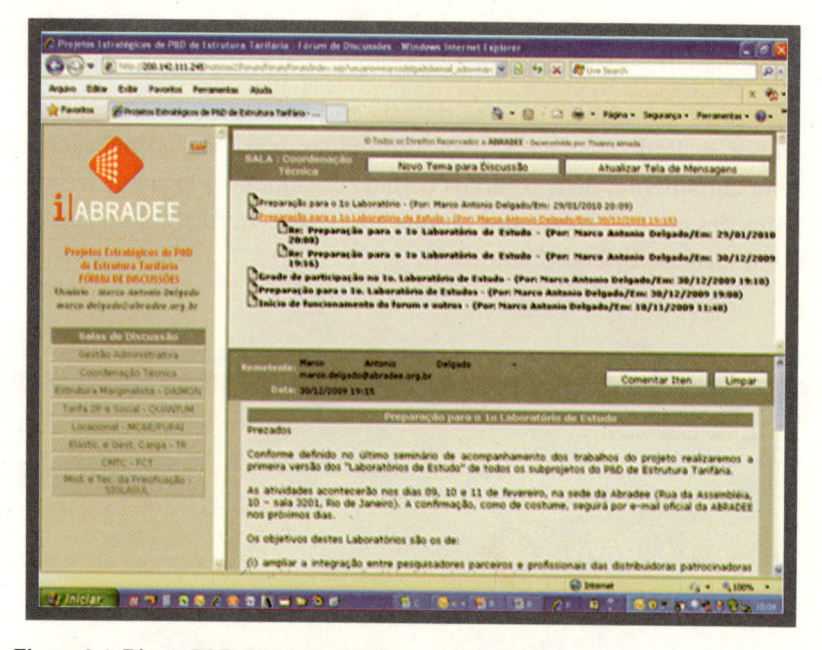

Figura 2.4. Fórum P&D Estrutura Tarifária: Página de acesso restrito (mediante senha individual) pela Internet (www.abradee.org.br).

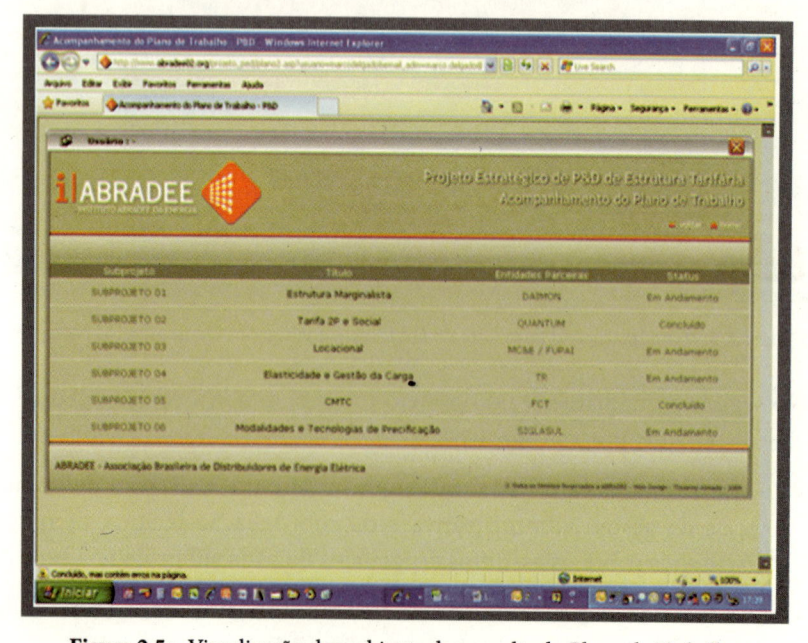

Figura 2.5a. Visualização do ambiente de consulta do Plano de Trabalho.

GESTÃO DAS ATIVIDADES **27**

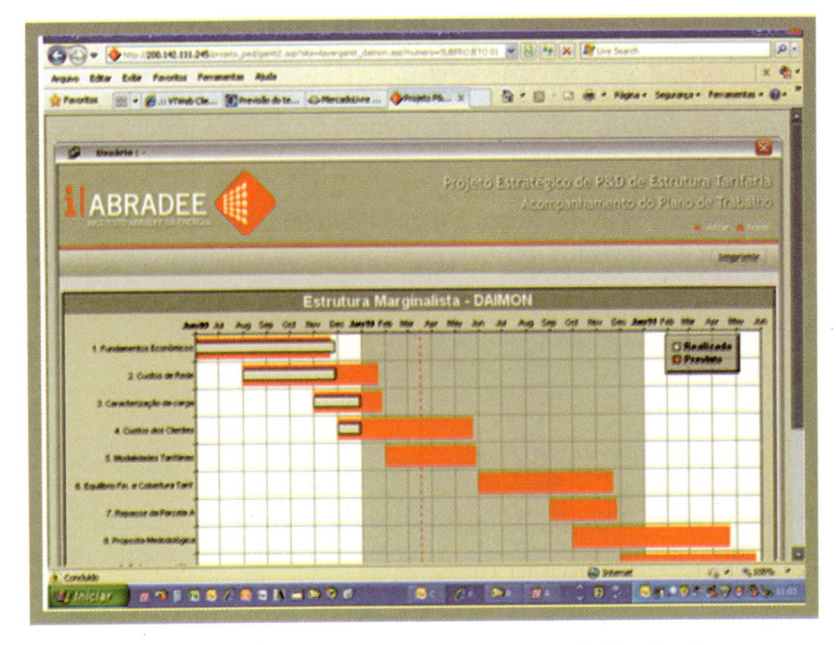

Figura 2.5b. Plano de Trabalho: Cronograma exemplo de subprojeto.

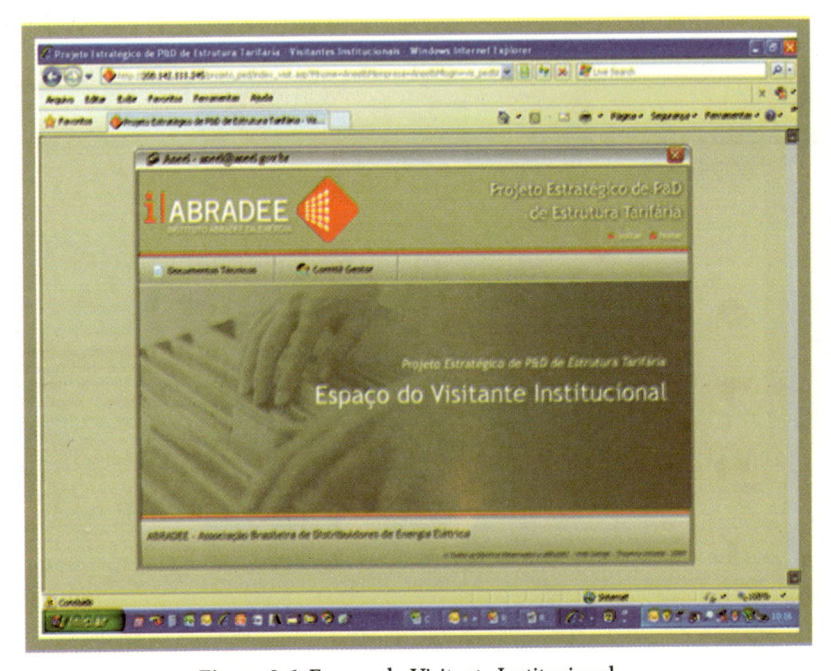

Figura 2.6. Espaço do Visitante Institucional.

- O **Espaço do Visitante Institucional** (Figura 2.6): espaço específico para consulta aos conteúdos técnicos produzidos no projeto (relatórios, simuladores etc.). Senhas foram disponibilizadas para profissionais da ANEEL e da Entidade Reguladora dos Serviços Energéticos (Portugal).

Nesta ocasião, além das funcionalidades adicionais foi realizado o recadastramento dos documentos técnicos produzidos no âmbito do projeto de P&D de Estrutura Tarifária com o objetivo de uniformizar a nomenclatura para facilitar o processo de consulta.

* * *

No início do 2º ano do projeto foi criado um ambiente adicional no espaço "Público" do sítio compartilhado do iABRADEE na Internet (www.abradee.org.br) com o intuito de intensificar a interação que o Instituto Abradee da Energia vinha realizando com demais entidades e associações setoriais interessadas no tema do projeto, bem como atender demanda, também nesse sentido, da ANEEL (Figura 2.7).

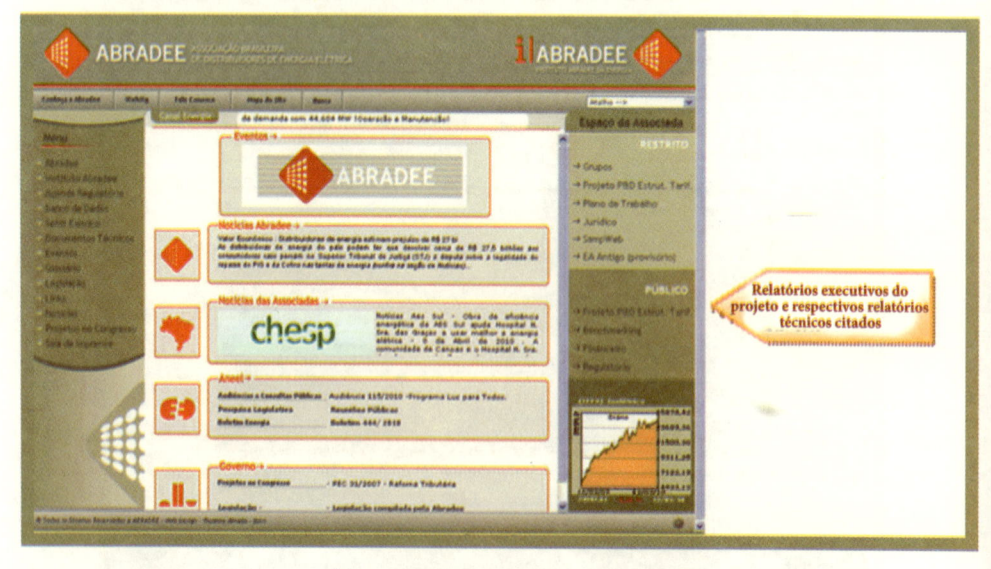

Figura 2.7. Acesso público à produção científica consolidada do projeto de P&D disponibilizada no site do iABRADEE.

Os documentos disponíveis nesse local são vinculados aos avanços parciais do Projeto de P&D. Nosso objetivo foi permitir, no decorrer deste projeto, o acesso dos interessados aos documentos parciais consolidados. Desta forma, ressaltamos na área de "download" que as análises e os resultados contidos nos documentos disponibilizados ainda são considerados preliminares e, por isso, não devem ser utilizados como referências técnicas formais para trabalhos acadêmicos ou outros fins. Além disso, estes conteúdos também não devem ser interpretados ou vinculados como posição da Abradee ou das distribuidoras patrocinadoras deste projeto.

A formalização de posicionamento, quando oportuna, será registrada nos processos de Consulta Pública e Audiência Pública promovidos pela ANEEL.

2.2. CONDUÇÃO E PARTICIPAÇÃO DOS MEMBROS DO "COMITÊ GESTOR"

Conforme proposta apresentada à época da submissão do projeto, foi ressaltada a imprescindível participação de profissionais das empresas distribuidoras patrocinadoras. Estes, organizados na forma de "Comitê Gestor" do projeto, realizaram a:

- avaliação periodicamente dos resultados parciais do projeto e a emissão de sugestões técnicas de adequação ou orientação;
- aferição do desempenho das entidades parceiras; e
- transferência do conhecimento e os métodos desenvolvidos no projeto para a operação de suas empresas.

Desta forma, para maximizar o foco e as respectivas contribuições, os membros do Comitê foram distribuídos entre os subprojetos com a denominação "padrinhos" e "madrinhas". Ressalta-se que todos os membros, e não somente os contemplados, acompanharam e emitiram opiniões técnicas em todos os subprojetos.

A associação entre os membros do "Comitê Gestor" e respectivos subprojetos é apresentada na Tabela 2.1.

Tabela 2.1. "Padrinhos" e "Madrinhas" dos subprojetos

			Marginalista		2P & Social		Precificação		Elasticidade		Locacional		CMTC
Empresa	Membro	Comitê	Daimon		Quantum		Siglasul		TR		Fupai/MC&E		FCT
iABRADEE	Marco Delgado	O	X		X		X		X		X		X
ELEKTRO	Saulo de Tarso Castilho Jr.	O	X		X		X		X		X		X
CPFL	Júlio César Ferreira Sales	O	X								X		
RGE	Marcos Rodolfo Kessler	O					X						
ELETROPAULO	Wagner Yuji Okada												X
AES SUL	Júlio Arilon Bitencourt	O											X
AMPLA	Emerson Caçador Rubim	P					X						
LIGHT	Angela Magalhães Gomes	O			X								
BANDEIRANTE	Sérgio Kinya Fugimoto	O											
CEEE	Nereu João Moro	P	X						X		X		
COELBA	Sonia Campos Simões Cabral	P							X				
COSERN	Dimitri Barros Pereira de Oliveira	P					X						
CEMAR	Fernando José Moreira Mendonça	P	X										
CEAL	Jose Ribeiro Sobrinho												
CEB	Ana Cristina da Conceição Leão	P							X				
CEMAT	José Ramalho Jr.												
CELPA	Célia Hirata												
COPEL	Ronei Buratti		X										
CEMIG	Angélica Tozatto Baptista	O	X										
Energisa SE	Alexandre Nogueira Ferreira												
Energisa MG	Job de Figueiredo Silvério Alves	P			X								
CHESP	Cassiano Ricardo Gomes Peres												

LEGENDA: O - profissionais identificados pela ANEEL; P - profissionais adicionalmente submetidos na versão final enviada à ANEEL.

Atividades realizadas no período:

1. Primeiro Semestre do Projeto

- 5 teleconferências envolvendo em média 15 profissionais com o objetivo de avaliar as tarefas executadas no desenvolvimento dos trabalhos de todos os subprojetos. O acompanhamento foi realizado de forma sistemática com critério de governança aprovado pelo "Comitê Gestor" e seus resultados orientaram a abordagem do método de trabalho aplicado e, ainda, condicionaram os atos de realização financeira do projeto.
- 4 reuniões presenciais dos subprojetos: Estrutura Marginalista (Daimon), Sinal Locacional (Fupai/MCE), e Modalidades e Tecnologias de Precificação (Siglasul).
- 1 teleconferência específica do subprojeto Sinal Locacional para tratar da coleta de dados.
- 1º Seminário Interno de Acompanhamento das Atividades do Projeto Estratégico de P&D da Estrutura Tarifária (8 e 9 de setembro de 2009). Participaram 38 pesquisadores e profissionais.

2. Segundo Semestre do Projeto

- 2º Seminário Interno de Acompanhamento das Atividades do Projeto Estratégico de P&D da Estrutura Tarifária (15 e 16 de dezembro). Participaram 35 pesquisadores e profissionais.
- Reunião presencial de integração dos subprojetos: Elasticidade e Gestão de Carga (TR) e Modalidades e Tecnologias de Precificação (Siglasul).
- 28 registros de comunicações no fórum do projeto.
- 2 Laboratórios de Estudos (fevereiro e maio de 2010) do projeto com a participação, em média, de 30 pesquisadores e profissionais.

3. Terceiro Semestre do Projeto

- 1 reunião presencial de aprofundamento e discussão da produção do subprojeto Estrutura Marginalista (15 de setembro de 2010).

- 1 reunião presencial de integração dos subprojetos "Sinais Locacionais" e "Elasticidade e Gestão da Carga" (15 de dezembro de 2010).
- 3 Laboratórios de Estudos (agosto, outubro e dezembro de 2010) de acompanhamento do projeto.
- 3 encontros técnicos de integração com entidades e associações do setor elétrico, sendo os dois últimos para aplicar o modelo de apoio à decisão objetivando o aperfeiçoamento da estrutura tarifária.[1]
- 2 teleconferências com os participantes do Encontro Técnico para nivelamento e esclarecimentos do processo de apoio à decisão e sua consolidação.
- 26 registros de comunicações no fórum do projeto.

4. Quarto Semestre do Projeto

- 1 Laboratório de Estudos Extraordinário (janeiro de 2011) para avaliar o conteúdo da AP 120/2010 e os pontos de convergência e divergência com o desenvolvido projeto de P&D.
- 1 reunião de esclarecimento sobre os potenciais tópicos do Projeto de P&D pertinentes e maduros para constituir objeto de contribuição à AP 120/2010.
- 1 teleconferência de nivelamento com demais associações representativas do segmento de consumidores e comercializadores de energia elétrica referente aos potenciais tópicos do Projeto de P&D pertinentes e maduros para constituir objeto de contribuição à AP 120/2010.
- 3º Seminário Interno de Acompanhamento das Atividades do Projeto Estratégico de P&D da Estrutura Tarifária (3 e 4 de maio de 2011). Participaram, em média, 30 pesquisadores e profissionais.
- 1 encontro técnico de integração com entidades e associações do setor elétrico objetivando apresentar os resultados do modelo de apoio à decisão aplicado anteriormente, bem como a síntese de consolidação do projeto.

---

[1] O objetivo foi coletar dos profissionais que atuam nos demais segmentos do setor elétrico suas percepções e expectativas sobre as diretrizes e os procedimentos gerais que o aperfeiçoamento da estrutura tarifária de distribuição de energia elétrica deve almejar. Ressaltamos que os resultados desta interação serão registrados como ato de pesquisa.

2.3. RELATÓRIO DE EXECUÇÃO FINANCEIRA DO PROJETO

A partir do 4º mês do projeto foi mensalmente disponibilizada, no sistema de gestão, a minuta[2] do REFP – Relatório de Execução Financeira do Projeto.

Este relatório foi elaborado e preenchido de acordo com interpretações das instruções contidas no Manual do Programa de Pesquisa e Desenvolvimento Tecnológico do Setor de Energia Elétrica, estabelecido na REN 316/2008 da ANEEL, bem como nas orientações recebidas pela Gerência de P&D da ELEKTRO. O documento contém quatro acompanhamentos tabulados, entendidos como obrigatórios e mais quatro do interesse da gestão administrativa do projeto:

- Comprovação de despesas do projeto.
- Totalização de despesas por natureza de custo do projeto.
- Comparação entre as despesas previstas e realizadas do projeto.
- Comparação acumulada entre as despesas previstas e realizadas do projeto.
- Acompanhamento de inadimplência verificada no mês de competência.
- Acompanhamento acumulado da inadimplência.
- Despesas planejadas no contrato e faturamento às patrocinadoras.
- Gráfico 2: Acompanhamento do fluxo de caixa da conta do projeto.

Além disso, periodicamente foram adicionados os controles:

- dos custos de cada subprojeto;
- das despesas dos pesquisadores das distribuidoras patrocinadoras; e
- dos custos integrais do projeto, ou seja, vinculados ao IAE e diretamente às distribuidoras patrocinadoras com pesquisadores dedicados ao projeto.

---

[2] O relatório oficial, conforme REN 316/08, será apresentado ao final do projeto pela ELEKTRO e contará com avaliação de auditor externo.

34 DESAFIOS DA INOVAÇÃO EM SERVIÇOS PÚBLICOS REGULADOS

A última posição do projeto aponta redução significativa das despesas de viagens e estadas, bem como da alocação de carga horária dos profissionais das distribuidoras. Os resultados estão apresentados nas Figuras 2.8a e 2.8b.

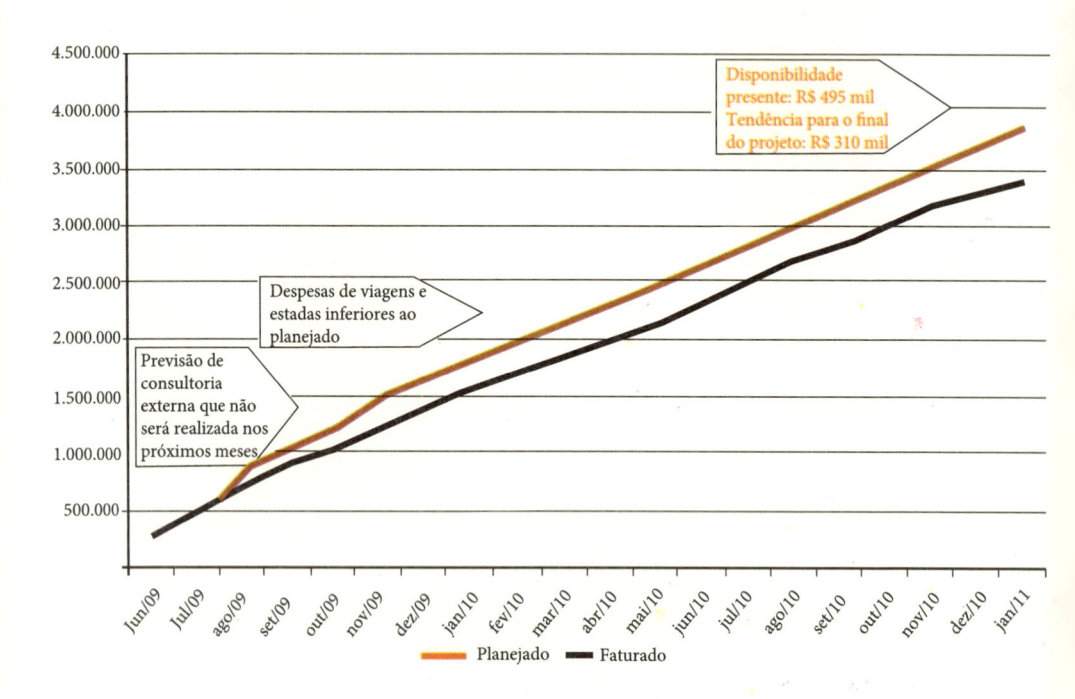

Figura 2.8a. Comparação de custeio entre realizado e planejado no Instituto Abradee da Energia até janeiro de 2011.

2.4. EXTENSÃO DO PROJETO DE P&D: A DIFUSÃO DO CONHECIMENTO

O pano de fundo desta orientação partiu da recorrente indagação "*como tornar a produção do projeto de P&D efetivamente de domínio público?*". Neste sentido, a coordenação e a gerência do projeto apresentaram proposta para a SPE/ANEEL, durante a 4ª reunião de acompanhamento do projeto realizada em Brasília, objetivando o redirecionamento de recursos financeiros disponíveis para ações enquadradas como "difusão tecnológica".

GESTÃO DAS ATIVIDADES 35

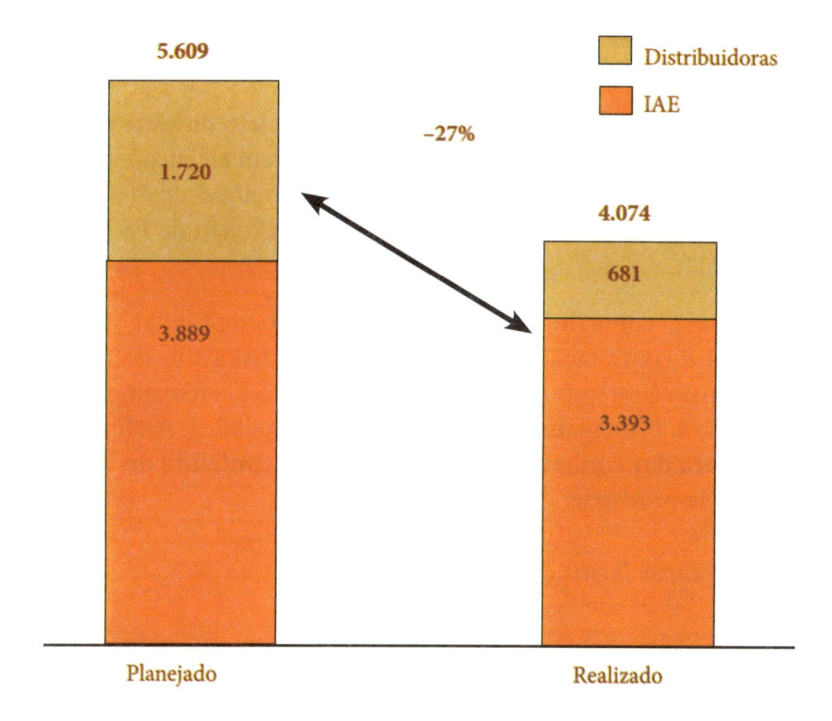

Figura 2.8b. Comparação entre realizado e planejado por centro de custo (aplicado do IAE e diretamente pelas distribuidoras) até janeiro de 2011.

Dentre os principais referenciais regulatórios da ANEEL encontramos e destacamos:

- "Projeto estratégico é aquele cujo subtema seja de **grande relevância para o setor elétrico** e exija um esforço conjunto e coordenado de várias empresas e entidades executoras" (Manual de P&D, Item 5.5, REN nº 316/2008).

- "Requere-se a ampla divulgação dos resultados deste projeto, dessa forma o tipo de compartilhamento dos **resultados deste projeto deverá ser cadastrado como "Domínio Público"**, sendo preservada a autoria dos resultados" (Item 4.2 – Chamada Pública nº 008/2008).

- "As empresas devem **buscar a efetiva disseminação da tecnologia desenvolvida... poderá ser proposto um projeto na fase de inserção no mercado**, que contemple despesas com estudos mercadológicos, material de divulgação, registro de patentes, viagens, diárias, contratação de empresa de transferência de tecnologia e serviços jurídicos.... (Manual de P&D, Item 3.6, REN nº 316/2008).

- "A empresa **poderá efetuar alterações no projeto durante sua execução com vistas a otimizar os resultados a serem alcançados**, não sendo necessária sua reapresentação à ANEEL" (Manual de P&D, Item 6.4 – Gerenciamento dos Gastos Realizados em Projeto de P&D, REN nº 316/2008).

Desta forma, como mencionado, foi proposto reorientar a alocação prevista para a contratação de serviços de terceiros, a fim de otimizar a disseminação do conteúdo do projeto visando torná-lo efetivamente de domínio público e, principalmente, de compreensão pública. Assim, **as ações propostas para dar conhecimento ao público do conteúdo do Projeto de P&D são as de produzir:**

1. Livro Técnico-Institucional:

- *Conteúdo:*
    - ✓ Parte I – modelo de gestão desenvolvido e implementado para o projeto estratégico de P&D.
    - ✓ Parte II – principais contribuições técnicas do projeto para aperfeiçoamento da estrutura tarifária no Brasil.
- *Patrocínio:* doação dos direitos autorais e recursos do P&D.
- *Lançamento:* VI CITENEL (agosto de 2011, Fortaleza – CE).

2. Projeto de "Difusão Tecnológica"

- *Produção de Livros de Apoio:*
    - ✓ Técnico-Didático: contendo conceitos, referencial teórico e aplicações didáticas de partes do conteúdo pertinente desenvolvido no projeto de P&D.
    - ✓ Coletânea do P&D (Organização): capítulos individualizados para a produção do subprojeto.
- *Cursos de aproximadamente 20 horas:* conceitos, referencial teórico, aplicação e simulações.

- *Público-alvo:* associações de agentes setoriais e de consumidores de energia elétrica, universidades (graduação e pós-graduação) nas áreas de engenharia e economia.
- *Dimensionamento:* aproximadamente 12 cursos no segundo semestre de 2011.
- *Patrocínio:* cessão de direitos autorais e disponibilidades do projeto de P&D.

PARTE II

GESTÃO E PRODUÇÃO DO CONHECIMENTO

CAPÍTULO 3

Produção de Conteúdo no Projeto de P&D

3.1. ESTRUTURA E INTEGRAÇÃO DAS LINHAS DE PESQUISA DO PROJETO

Conforme apresentado à época da submissão da proposta, o escopo do projeto foi resultado de ampla interação entre os profissionais das distribuidoras patrocinadoras, membros das entidades parceiras e servidores da ANEEL. Com base nestas reflexões, o Comitê Gestor definiu a segmentação das linhas de investigação em subprojetos como melhor forma de condução. Os interesses principais foram os de melhor alocar as equipes, conforme suas competências; e de viabilizar, temporalmente, proposições regulatórias para o 3º ciclo revisional das distribuidoras. Cabe ressaltar que, apesar do amplo espectro de investigação, o escopo de cada subprojeto foi refinado, a fim de mitigar atividades similares com prismas redundantes de modo a, consequentemente, evitar ineficiência na utilização dos recursos humanos e financeiros.

A segmentação de escopo e abrangência de cada subprojeto não deve ser entendida como limite rigoroso entre eles, mas como a principal contribuição ao projeto estratégico. A sinergia e a complementaridade entre os subprojetos podem ser verificadas na utilização comum de diversos dados externos (o que mitiga o esforço de coleta); na identificação das "saídas e entradas" de produtos entre os subprojetos; e na convergência para a organização das proposições de aprimoramento do projeto. As principais estruturas de integração são apresentadas nas Figuras 3.1 e 3.2. Cabe mencionar que o subprojeto "Sinais Tarifários de Energia", exposto nas figuras citadas, foi realizado como projetos de P&D isolado e anterior à Chamada Pública nº 008/2008. Contudo, seus resultados foram considerados para testes no âmbito deste projeto estratégico e suas conclusões foram convergentes, apesar da abordagem metodológica distinta, aos resultados alcançados no subprojeto "Modalidades e Tecnologias de Precificação".

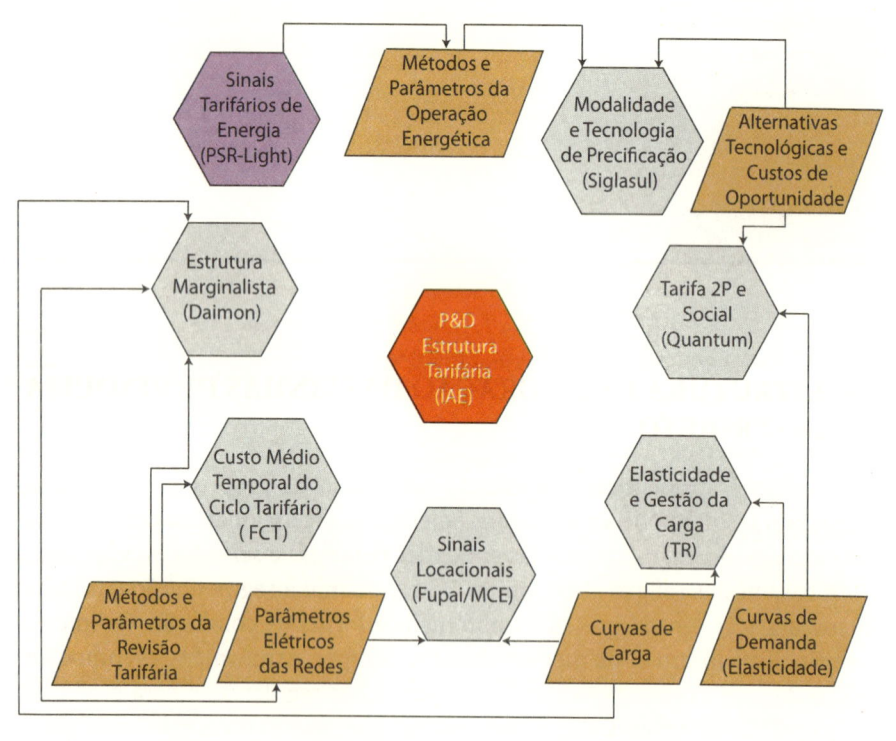

Figura 3.1. Principais parâmetros de entrada nos subprojetos.

Como mencionado, a segmentação de escopo e abrangência de cada subprojeto não foi limite, mas o contrário. Com a interação dos pesquisadores verificamos também novos pontos de integração de dados, análises e resultados entre os subprojetos, dos quais destacamos:

PRODUÇÃO DE CONTEÚDO NO PROJETO DE P&D 43

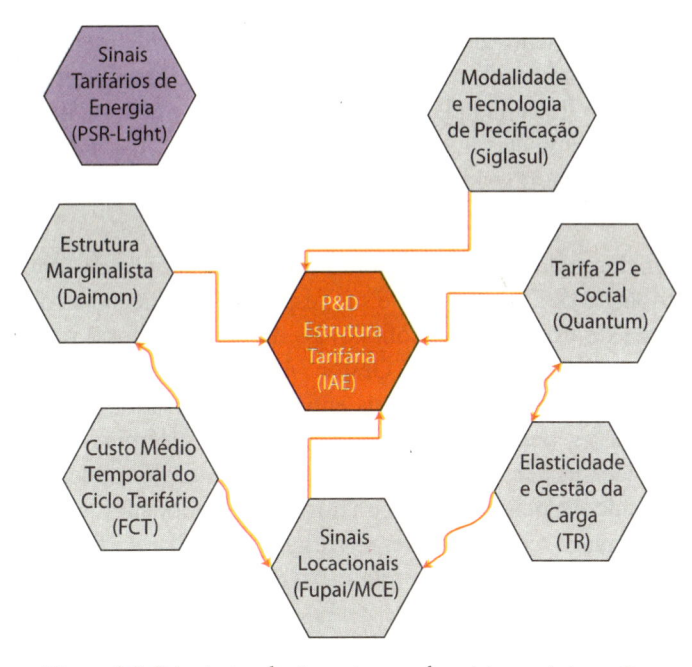

Figura 3.2. Principais relações entre os subprojetos e a integração.

1. O acoplamento dos resultados obtidos no subprojeto "CMTC" como parâmetros de entrada nos estudos de finalização do subprojeto "Tarifa 2 Partes e Social", bem como em experimentos no subprojeto "Estrutura Marginalista".

2. A transferência da metodologia e resultados dos "custos das melhores opções alternativas" de fornecimento de energia elétrica no subprojeto "Tarifa 2 Partes e Social" para análise e experimentos no subprojeto "Estrutura Marginalista" com objetivos de proposições de modalidades tarifárias sob sinais de contestação de mercado.

3. A especificação da base de dados adicional necessária ao subprojeto "Sinais Locacionais", bem como a modelagem do respectivo algoritmo e o início dos testes quantitativos para delimitação das redes unificadas em distribuidoras selecionadas[1].

---

[1] Objetivando a generalização do método foram priorizados os casos considerados mais complexos (Rio Grande do Sul e São Paulo), haja vista a multiplicidade de distribuidoras, a representatividade das demais instalações de distribuição (propriedade das concessionárias transmissoras) e as características topológicas das redes.

4. O aprimoramento do sistema STAC e o desenvolvimento do módulo STAR (Sistema de Tarifação de Aplicação de Ramsey) desenvolvido no subprojeto "Elasticidade e Gestão da Carga". A melhoria da modelagem das funções de elasticidade de substituição contou com efetiva contribuição dos pesquisadores do subprojeto "Modalidade e Tecnologia de Precificação".

5. A conclusão do modelo de apoio à decisão no subprojeto "Modalidade e Tecnologia de Precificação" e sua respectiva aplicação ao rol de pesquisadores do projeto e de profissionais das distribuidoras patrocinadoras que participam do "Comitê Gestor". Além disso, com objetivo de intensificar a interação com demais entidades representativas do segmento de usuários, bem como garantir visão mais sistêmica das diretrizes e aplicações tarifárias, foi executada dinâmica deste modelo com profissionais da Associação Brasileira dos Grandes Consumidores Industriais de Energia e Consumidores Livres – ABRACE, Associação Nacional dos Consumidores de Energia Elétrica – ANACE; e Associação Brasileira dos Comercializadores de Energia Elétrica –ABRACEEL. Detalhes desta interação e seus resultados estão no Apêndice II. Ressalta-se, desde já, que as opiniões coletadas são exclusivas dos profissionais que participaram das dinâmicas e não representam posicionamento das entidades e/ou empresas aos quais são afiliados.

6. A preparação do processo de simulações das alternativas tarifárias coletadas na etapa (5) no subprojeto "Modalidade e Tecnologia de Precificação" que fará o uso compartilhado do sistema conjugado STAC/STAR desenvolvido no subprojeto "Elasticidade e Gestão da Carga".

A integração obtida e a expectativa para finalização do projeto podem ser visualizadas na Figura 3.3.

É interessante observar, também, em quais pontos da metodologia de estrutura tarifária os subprojetos atuaram. Basicamente, a estrutura tarifária visa estabelecer:

1º. *Estrutura vertical*, ou seja, ratear o valor da receita requerida da revisão da tarifa para cada nível de tensão e, quando couber, por classe de consumo.

2º. *Estrutura horizontal*, ou seja, as relações das tarifas de ponta e fora de ponta (RPFP).

3º. *Modalidades tarifárias*, ou seja, tarifa horossazonal azul, verde etc.

PRODUÇÃO DE CONTEÚDO NO PROJETO DE P&D 45

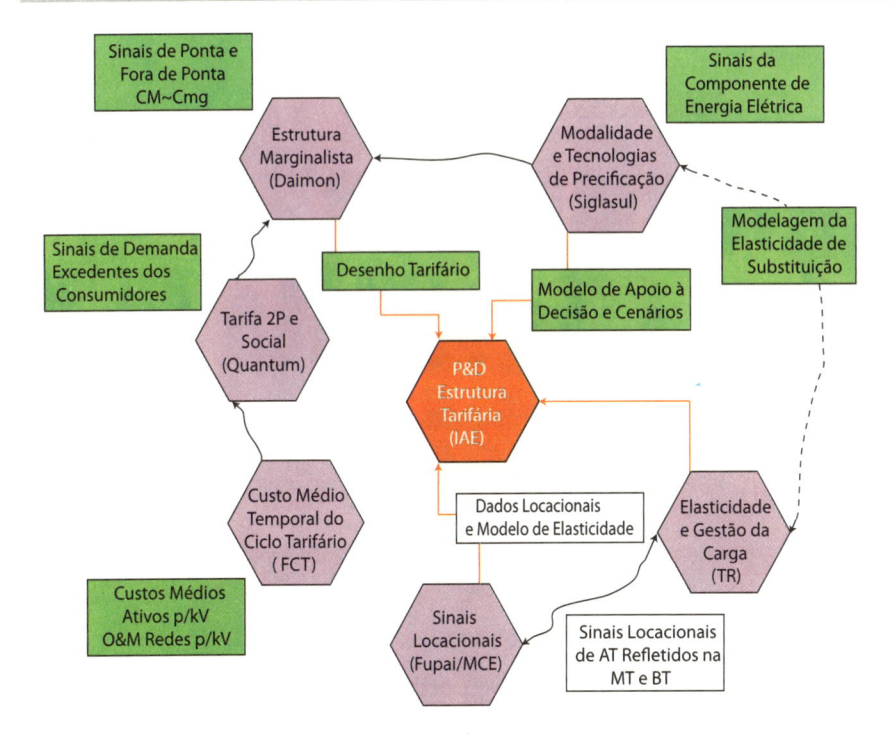

Figura 3.3. Integração dos subprojetos.

Para isso, as principais informações utilizadas no método em vigor são:

a. Receita requerida da revisão tarifária constituída pelas componentes de custos operacionais eficientes, remuneração do capital e quota de reintegração. Todas da distribuidora.

b. Custos marginais por nível de tensão das distribuidoras (Cmg).

c. Diagrama unifilar simplificado das redes elétricas.

d. Curvas de carga dos consumidores e das redes (transformadores, redes...) parcialmente coletadas mediante amostragem estatística.

Este processo, de forma esquematizada, pode ser visto na Figura 3.4.[2]

---

[2] Para fins de simplificação e foco da figura foi omitida etapa em que o dimensionamento da tarifa de faturamento internaliza as necessidades de reconstituição da receita da distribuidora.

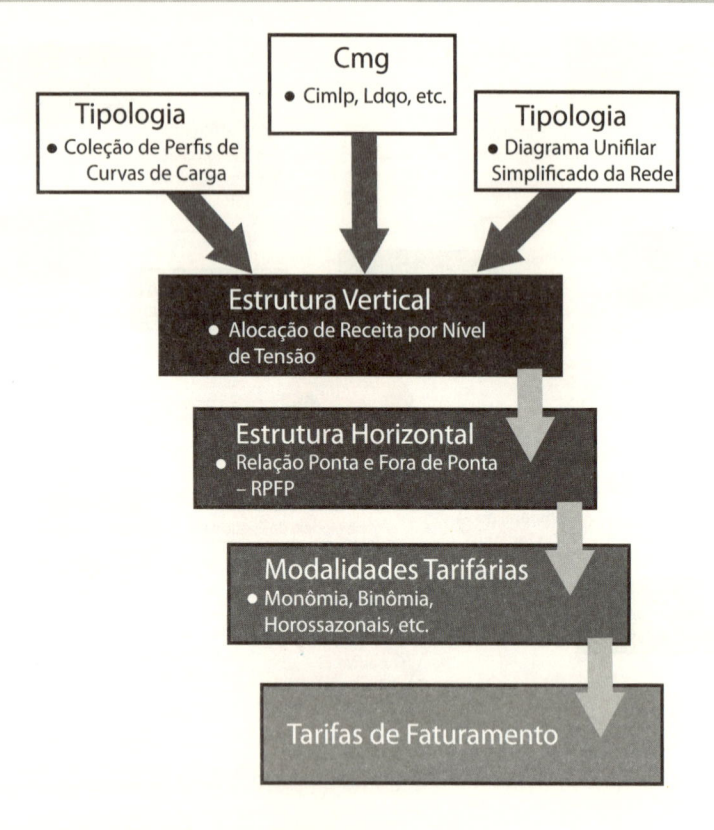

46 DESAFIOS DA INOVAÇÃO EM SERVIÇOS PÚBLICOS REGULADOS

```
                    ┌─────────────┐
                    │     Cmg     │
                    │ • Cimlp, Ldqo, etc. │
                    └─────────────┘
┌──────────────┐          │          ┌──────────────┐
│  Tipologia   │          │          │  Tipologia   │
│• Coleção de  │          │          │• Diagrama    │
│  Perfis de   │          │          │  Unifilar    │
│  Curvas de   │          │          │  Simplificado│
│  Carga       │          │          │  da Rede     │
└──────────────┘          │          └──────────────┘
        ↓                 ↓                  ↓
   ┌────────────────────────────────────────────┐
   │          Estrutura Vertical                │
   │ • Alocação de Receita por Nível de Tensão  │
   └────────────────────────────────────────────┘
            ↓
      ┌──────────────────────────────────┐
      │      Estrutura Horizontal        │
      │ • Relação Ponta e Fora de Ponta  │
      │   – RPFP                         │
      └──────────────────────────────────┘
                 ↓
         ┌──────────────────────────────┐
         │    Modalidades Tarifárias    │
         │ • Monômia, Binômia,          │
         │   Horossazonais, etc.        │
         └──────────────────────────────┘
                        ↓
            ┌──────────────────────────┐
            │  Tarifas de Faturamento  │
            └──────────────────────────┘
```

Figura 3.4. Esquema simplificado do processo de construção das tarifas de uso do sistema de distribuição.

Desta forma, os seis subprojetos atuaram na "máquina de fazer tarifas" nas seguintes principais fases e processos:

- Estrutura Vertical (rateio por kV): "Estrutura Marginalista"; "Tarifa 2 Partes"; "CMTC" e "Modalidade e Tecnologia de Precificação".
- Estrutura Horizontal (sinal temporal): "Estrutura Marginalista" e "Modalidade e Tecnologia de Precificação".
- Modalidades Tarifárias[3] (desenho tarifário): "Sinais Locacionais"; "Tarifas 2 Partes" e "Elasticidade e Gestão da Carga".

---
[3] Conforme mencionado anteriormente, o subprojeto "Estrutura Marginalista" encampou os principais produtos do subprojeto "Tarifa 2 Partes" para estudos e simulações adicionais.

# PRODUÇÃO DE CONTEÚDO NO PROJETO DE P&D

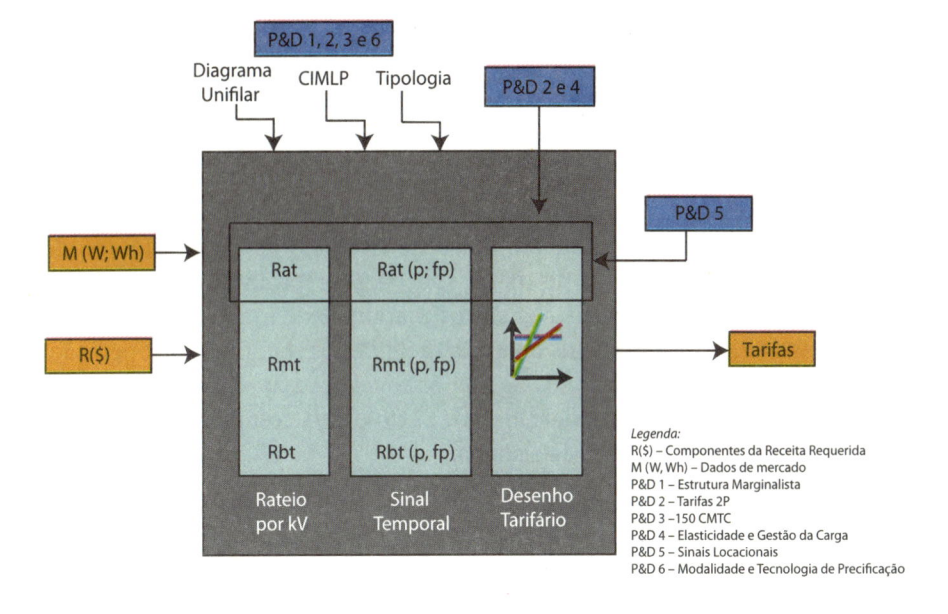

Figura 3.5. Campo de atuação dos subprojetos de P&D no atual processo de construção das tarifas de energia.

3.2. PRINCIPAIS MARCOS DA ESTRUTURA DO PROJETO

3.2.1. Fundamentação Teórica

A pesquisa bibliográfica realizada no período abarcou amplo espectro[4] que permitiu melhores aprofundamento e fundamentação na aplicação de determinados pressupostos como também instigou promissoras reflexões inovadoras para aplicações tarifárias que serão detalhadas nos capítulos posteriores.

Nesse sentido, o objetivo deste item é apresentar síntese destes "melhores momentos". Ressalta-se que as considerações apresentadas neste estudo estão no âmbito exclusivo do projeto de P&D. Não obstante, foram apresentadas nos processos de consultas públicas documentais, realizadas durante o ano de 2010, pela ANEEL, objetivando o aprimoramento do marco regulamentar aplicado à estrutura tarifária.

---

[4] A teoria econômica de mercados competitivos e monopolísticos, teoria de custos da firma, teoria da regulação, teoria econômica do bem-estar e teoria de precificação foram os principais temas investigados nos subprojetos.

Como poderá ser verificado em [1] e [2], a base teórica para a estruturação de preços por períodos de tempo predeterminados reside na avaliação dos custos de curto e longo prazos em mercados atendidos por plantas consideradas de capacidade rígida, como é o caso dos sistemas de geração, transmissão e distribuição de energia.

O plano racional investigado sugere que um produto – como potência elétrica – com a demanda variante ao longo de um ciclo deve ser valorado de forma distinta. Nos períodos de maior solicitação o produto deve ser valorado por preços proporcionais aos custos marginais de longo prazo que são compostos por custos marginais de expansão e custos marginais de operação. Consequentemente, nos períodos de menor solicitação devem-se aplicar preços proporcionais aos custos marginais de curto prazo, compostos apenas por custos marginais de operação do sistema.

A teoria de precificação de ponta é revisitada em [1], **mas a oportunidade de inovação metodológica é potencializada com os resultados experimentais obtidos em [2]**. A observação com base em testes estatísticos mostra que as atuais condições de determinação nos níveis tarifários das distribuidoras nos processos de revisão periódica ordinária, ou seja, dados regulatórios,[5] **apontam para uma condição presente de aproximação aos rendimentos constantes de escala**. Esta verificação empírica indica a condição teórica de que os **Custos Médios de Longo Prazo se equiparam aos Custos Marginais de Longo Prazo**.

Extraímos de [2] exemplo da aplicação com intuito de ilustração. Para um conjunto de distribuidoras de portes distintos – que pode ser interpretado, também, como movimento temporal de crescimento de escala – a composição dos seus respectivos custos de expansão e operação corta, estatisticamente, a origem do eixo, fato que conduz a interpretação de que os rendimentos de escala podem ser considerados constantes e, como corolário, há igualdade presente entre custos médios e marginais de longo prazo. As Figuras 3.6a e 3.6b são bons exemplos extraídos de [2] que expõem a evidência. No eixo das abscissas são apresentadas as demandas máximas verificadas para cada empresa utilizada pela ANEEL nos respectivos cálculos das tarifas de usos do sistema de Distribuição – TUSD. Por sua vez, no eixo das ordenadas, estão apresentados os custos totais das distribuidoras estabelecidos nos respectivos processos de revisão tarifária do 2º ciclo revisional. Estes custos são constituídos pelas ru-

---

[5]Mais detalhes sobre as considerações entre dados reais das empresas e dados reais percebidos aos usuários para constituição do nível tarifário e estrutura tarifária serão apresentados no Capítulo 5.

bricas: Custos Operacionais Eficientes; Remuneração do Capital e Quota de Reintegração Regulatória.

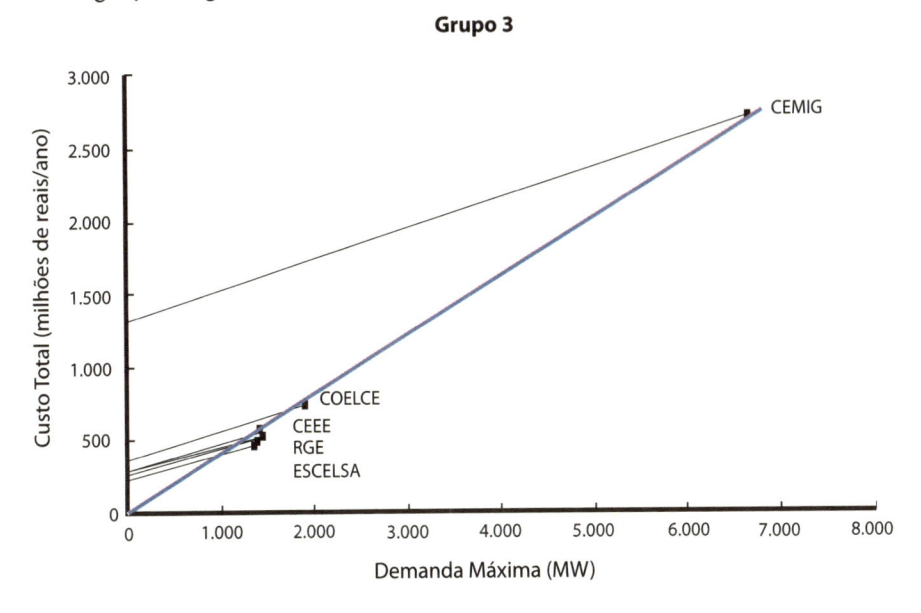

Grupo 3

Figura 3.6a. Custos totais de distribuidoras selecionadas (Grupo 3).

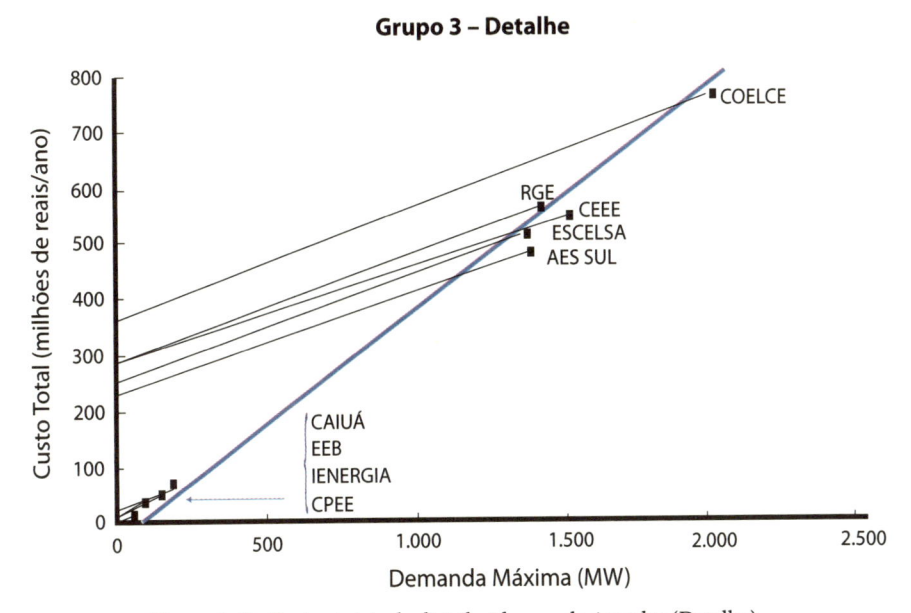

Grupo 3 – Detalhe

Figura 3.6b. Custos totais de distribuidoras selecionadas (Detalhe).

Cabe mencionar que constatação equivalente foi verificada em estudos aplicados ao caso das ferrovias norte-americanas nos anos 70.[6] O estudo mostra a existência de uma densidade limite (densidade eficiente) de movimento de cargas que pode, de fato, gerar rendimentos decrescentes de escala.

As duas principais possibilidades funcionais ao projeto de pesquisa que se depreendem destas constatações são:

- Utilizar os custos médios obtidos dos resultados das revisões tarifárias[7] em detrimento das métricas tradicionais dos custos de desenvolvimento de rede (Custo Incremental Médio de Longo Prazo – CIMLP e Lei de Quantidade de Obras – LQO).

- Avaliar a possibilidade de utilizar as relações entre o Custo Médio de Longo Prazo e o Custo Médio de Curto Prazo para definir os sinais de ponta e fora de ponta, conforme analisado em [1].

Esta última hipótese simplificadora é privilegiada ao perceber, mediante investigações do projeto, limitações conceituais e operacionais da metodologia vigente, das quais ressaltamos:

- *Conceitual:* A condição da metodologia vigente para alocação de custos de expansão das redes é a verificação do máximo carregamento das redes por meio das curvas de carga. Todavia, a condição real dos estudos técnicos de planejamento desenvolvidos para os planos de expansão consideram: (1) critérios de melhoria da qualidade de fornecimento, que não são necessariamente associados aos picos de carga; e (2) os limites térmicos de capacidade das redes. Esta última condição é muito sensível, no Brasil, às condições de isolação. Desta forma, em função das distintas características de dissipação de calor dos diversos tipos de cabos utilizados nas redes de alta e média tensões, o limite de térmico pode restringir a capacidade de despacho entre 10% e 40% durante os horários do dia, em função da incidência do sol. Desta forma, a real expansão das redes poderá ocorrer em horários em que não há necessariamente a máxima demanda da carga. Uma solução, natural, seria internalizar estas características na atual metodologia, mas o aumento da

---

[6] Keeler, T. In: *Railroads, Freight and Public Policy,* apud Pindyck, R. e Rubinfeld, D. *Microeconomia.* Makron Books, 1994.

[7] Em paralelo, o subprojeto Custo Médio Temporal do Ciclo Tarifário – CMTC [12] analisou a viabilidade da abertura dos custos de capital (Ativo Imobilizado em Serviço) por nível de tensão, a fim de realizar os experimentos metodológicos propostos em [2]. Os resultados serão apresentados mais adiante.

complexidade concorre com os demais objetivos para o estabelecimento de estrutura tarifária e notadamente motiva análises alternativas.

- *Conceitual:* A relação interpretada como custos de ponta e custos fora de ponta na metodologia atual é consequência da circunstancial alocação de custos de longo prazo nas redes de maior e menor representatividade na distribuidora com horários de máximo carregamento distintos (mais detalhes no Apêndice I).

- *Aplicação:* As métricas dos custos marginais de desenvolvimento de rede dependem de critérios arbitrários e conjunturais para a seleção de investimentos elegíveis e dos associados incrementos de capacidade. Entende-se que estas condições são preteridas ao se utilizarem opções metodológicas a partir dos dados e parâmetros aplicados à determinação do real nível de receita estabelecidos nos processos de revisão tarifária das distribuidoras.

- *Aplicação:* Tecnologia de medição instalada ainda não permite a sofisticação de produtos tarifários em larga escala. Além disso, o regime regulatório de *price-cap* e suas condições de execução dificultam ampla diferenciação de produtos tarifários dentro e entre das distribuidoras. Desta forma, a verificação e a mensuração dos custos das redes com maior carregamento em horários e regiões distintas tornam-se inócuas quando estes sinais econômicos são aplicados ao coletivo de consumidores por meio de tarifas de uso de redes sem especializar aquelas disparidades.

Os benefícios imediatos das propostas do projeto de P&D seriam:

1. Aumentar a integração entre as metodologias de determinação do nível tarifário com as de estabelecimento da estrutura tarifária.

2. Fundamentar e atualizar os sinais de ponta e fora de ponta sem elevar a complexidade e o detalhamento dos cálculos e a arbitrariedade na estimativa de curvas de carga "naturais", ou seja, aquelas que poderiam supostamente existir com a atenuação ou eliminação do atual sinal de ponta e fora de ponta.

3. Simplificar, sobremaneira, a proposta de estrutura tarifária, tornando-a mais transparente e reprodutível para todos os usuários.

Outra reflexão teórica instigante refere-se a internalizar a teoria do bem-estar social de modo a contemporizar os excedentes dos consumidores para alocação de custos. O plano estrutural é a possibilidade de compor uma proposição tarifária que aglutine os sinais de custos pelo lado da oferta do serviço de distribuição com os sinais pelo lado da demanda, especificamente os do excedente dos consumidores. O desenvolvimento em detalhes poderá ser encontrado em [3] e, como mencionando anteriormente, apresentamos resumo sucinto das principais considerações e implicações.

O pressuposto parte do seguinte questionamento: *as alocações eficientes em uma economia nas condições saudáveis de competição podem oferecer à sociedade tratamento equitativo?*

O ponto capital é como traduzir o conceito de justiça nas condições econômicas. A literatura econômica versa sobre quatro enfoques principais, a saber:

- *Igualitário*: todos os membros da sociedade recebem iguais quantidades de bens e serviços.

- *Rawlsiano*: depende das desigualdades de renda com condição para a sua redistribuição, a fim de garantir a maximização da utilidade da faixa menos favorecida da sociedade.

- *Utilitário*: maximiza a utilidade total de todos os membros da sociedade.

- *Mercado-orientado*: o resultado alcançado pelo mercado é considerado o mais equitativo, ou seja, abstrai-se do julgamento de valores sociais.

O enfoque desenvolvido em [3] explora a vertente utilitária, ou seja, o bem-estar será obtido a partir da agregação de todas as utilidades individuais[8] dos membros de uma sociedade em análise.

Uma premissa básica deste enfoque é a consideração de que os níveis de utilidade dos indivíduos da sociedade sejam comparáveis. Por outro lado, a utilidade é uma magnitude que depende da percepção de satisfação e das preferências de cada indivíduo e, portanto, de natureza subjetiva. A solução posta para a viabilidade da comparação é a utilização do padrão monetário como nivelador das diferenças de percepção.

A equação funcional selecionada que atende as propriedades da função de bem-estar tratadas em [3] é a seguinte (Equação 3.1):

$$W = \frac{1}{1-\delta} \cdot \sum_i m_i^{1-\delta} \text{ para } \delta \neq 1 \qquad \text{(Equação 3.1)}$$

---

[8] O conceito de utilidade é atendido pela satisfação individual alcançada por um conjunto disponível de bens e serviços.

PRODUÇÃO DE CONTEÚDO NO PROJETO DE P&D

Em que:

m_i = renda do indivíduo i.

δ = parâmetro que reflete a preferência social pela distribuição de renda entre os indivíduos.[9]

Com fins exemplificativos, ilustramos na Figura 3.7 o nível de renda no eixo das abscissas e nas ordenadas a razão entre a utilidade social marginal de cada nível de renda e a utilidade social marginal da máxima renda (R$ 10.000) para diferentes tipos de preferência pela distribuição de renda. Como pode ser visto, quando o parâmetro $\delta = 0$, a utilidade social marginal da renda é independente do nível de renda, sendo igual à unidade em todos os casos (linha azul paralela ao eixo das abscissas). Para valores do parâmetro $\delta > 0$, o impacto será tanto maior quanto menores sejam as rendas dos indivíduos. Efetivamente, no caso em que $\delta = 1$, o aumento no bem-estar social é 100 vezes superior para um indivíduo cuja renda é de R$ 100 se comparado ao que tem renda de R$ 10.000 (acompanhar a linha laranja).

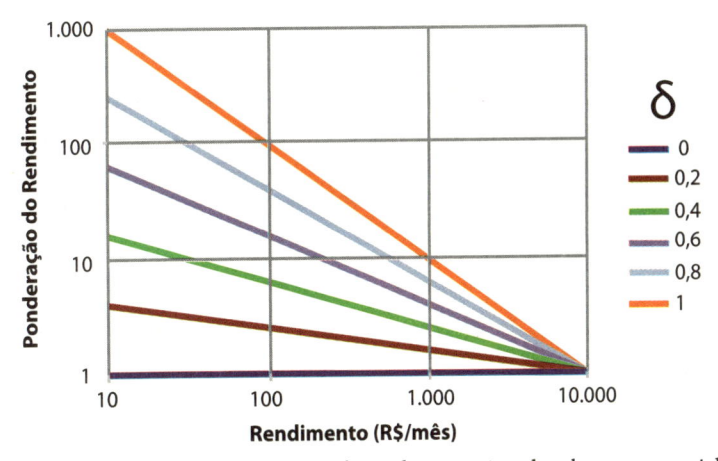

Figura 3.7. Ilustração da redistribuição de renda maximizando o bem-estar social.

---

[9] Note-se que ao depender a função das rendas individuais, é possível a agregação. Cabe ressaltar que se δ for igual a zero, todos os indivíduos têm o mesmo peso na função de bem-estar social, a qual é a soma das rendas dos indivíduos, não tendo qualquer distinção entre "ricos" e "pobres". Para valores maiores do que zero, os termos da função com maiores rendas têm uma participação menor do que os de menores rendas. No caso extremo, quando δ tende ao infinito, o bem-estar social depende somente do bem-estar da pessoa mais pobre. A partir da função analisada é possível determinar a mudança que a sociedade experimenta ante uma mudança na renda de um indivíduo conforme poderá se vista em [3]. Ademais, a função de bem-estar social sob análise atende o critério de transferência, que estabelece que: dados dos indivíduos A e B, se A é mais "rico" do que B, qualquer transferência de renda de A para B mantendo a renda total constante (mA + mB = M = Constante) aumentará o bem-estar social, sempre que δ seja diferente de zero. Para absorção do proposto é útil analisar as curvas de indiferença sociais apresentadas em mais detalhes em [3].

3.2.2. Diagnóstico das Práticas Internacionais de Tarifação

Em complemento aos referenciais teóricos investigados, o diagnóstico de práticas de tarifação adotadas em diversos países visou conhecer as reais condições de aplicação das propostas tarifárias, bem como os atributos, além dos quesitos metodológicos que podem e devem ser considerados.

O aprofundamento em países selecionados pode ser encontrado em [7] e, complementarmente, em [2] e [9]. Cabe ressaltar que o estudo [7] avançou nas análises tecnológicas de rede para os fins de tarifação, bem como nas opções de tarifação da *commodity*. Destacamos, assim, na recente prática internacional, os pontos que vinculam a opção de simplificação e a forma de manter os sinais econômicos para orientação dos usuários das redes, nas chamadas "tarifas de pedágio".

- Califórnia:
    - ✓ Utiliza custos marginais calculados com dados realizados e planejados.
    - ✓ A alocação dos custos por nível de tensão às categorias ocorre pela utilização do "fator de demanda efetividade" que, por aplicação do método de Monte Carlo, associa as amostras de consumidores aos circuitos típicos. Em última análise, simplifica o processo de coleta de curvas de cargas nas redes intermediárias se comparada ao atual processo utilizado no Brasil.
    - ✓ Interessante observar que determinados custos – basicamente os de atendimento comercial – são alocados por rateios diretos aos consumidores.
    - ✓ O fechamento da receita ocorre por proporcionalidade dos custos de capacidade associadas às categorias. O processo da Califórnia tem similaridade com a atual metodologia aplicada no Brasil, mas demanda menos atividades operacionais vinculadas à coleta de curvas de cargas.
- Reino Unido:
    - ✓ O nível de receita é alocado por nível de tensão a partir do cálculo de custos marginais para ampliação das redes existentes por incrementos discretos de capacidade. A modelagem é comum entre as distribuidoras, sendo baseada no modelo de planejamento de redes *Distribution Reinforcement Model*. O modelo calcula a quantidade

de ativos físicos, em cada nível de tensão, para incrementos de cargas simultâneas. Os ativos de cada nível de tensão são valorados a custos de mercado anualizados conforme sua vida útil e são adicionados os custos operacionais. São considerados(as) na modelagem:

- a topografia atual da rede;
- as participações atuais do mercado;
- os padrões de segurança e qualidade requisitados.

✓ O rateio de custos para as categorias de consumidores é baseado em: custos específicos de atendimento técnico e comercial e custos de redes. Estes, por sua vez, com base nos custos marginais e pela aplicação de fatores de coincidência com o carregamento máximo das redes elétricas.

- Nova Zelândia:

    ✓ Atualmente as distribuidoras têm liberdade de proposição tarifária, mas há tendência de unificação de métodos.

    ✓ Os custos são classificados em: rede, comuns e específicos. Os primeiros são basicamente rateados por fator de coincidência dos usuários ao máximo carregamento das redes.

    ✓ As categorias tarifárias estão condicionadas por:

    - localização geográfica;
    - nível de tensão;
    - tipo de medição;
    - tipo de atividade na baixa tensão;
    - a adesão ao sistema de gerenciamento de controle de carga.

    ✓ As componentes de faturamento são compostas por: componente fixa, componente por energia em três bandas horárias e componente por capacidade contratada.

    ✓ Os custos de rede são alocados às categorias pela composição do fator de coincidência com o máximo carregamento das redes e pela participação da respectiva categoria na demanda máxima do próprio nível de tensão.

- ✓ Os chamados "demais custos", basicamente comerciais e de administração, estão em fase de definição, mas com orientação proporcional ao número de consumidores.
- ✓ Desse modo, a componente de faturamento de encargos fixos recupera receita para os "demais custos", enquanto os custos de rede são ressarcidos nas tarifas de capacidade.

- França:
  - ✓ A pesquisa realizada em [9] aponta que o processo de liberalização do mercado de energia elétrica na França tem sido a principal prioridade de estudos de precificação e proposições tarifárias.
  - ✓ Verifica-se que a limitação tecnológica dos medidores é barreira comum para sofisticação dos produtos tarifários.
  - ✓ Pelo exposto, depreende-se que nos últimos anos pouco se avançou nas proposições tarifárias, de modo que não foi identificada contribuição específica ao caso brasileiro, à exceção do esforço para revitalizar e potencializar o parque de medição existente.

- Portugal:
  - ✓ Como nas demais nações europeias, o processo de liberalização do mercado de energia em Portugal está em curso, porém cumpre ressaltar que está em estágio mais avançado do que o mercado espanhol, pois abrange os consumidores de baixa tensão. Em paralelo, como ato de transição, é mantido o CUR (comercializador de último recurso) que tem a tarifa final integralmente estabelecida, estruturada e acompanhada pelo regulador local. Há referencial regulatório de sua manutenção apenas para os pequenos consumidores residenciais.
  - ✓ Uma característica peculiar na regulação portuguesa é a segmentação dos custos de rede em conjunto de redes de média e baixa tensões; e redes de alta-tensão.
  - ✓ A alocação dos custos do primeiro conjunto ocorre pelo efeito do máximo carregamento dos usuários, pois há relação objetiva destes carregamentos com a expansão destas redes. Todavia, em função da diversidade da composição das curvas de carga dos diversos usuários, o segundo conjunto de custos não é diretamente alocado por insumos das curvas de carga dos usuários, mas pela resultante de maior concentração de carga em um período de integração de 4 horas contíguas.

- ✓ De fato, há uma composição de conceito e parâmetros de custos médios e de custos marginais para a estruturação das tarifas. Ponto interessante de reflexão é o limite da importância das curvas de carga dos usuários na alocação de custos entre as categorias tarifárias.
- Austrália:
  - ✓ Utiliza o rateio da base de remuneração para alocar custos aos níveis de tensão.
  - ✓ A alocação de custos de baixa tensão nas diversas categorias de usuário é função principal dos custos de atendimento e medição que, por sua vez, são proporcionais ao número de consumidores.
  - ✓ O sinal de equidade se dá pela recente aplicação de tarifas por faixa de consumo. A primeira faixa tem tarifa inferior, pois considera a hipótese de que o volume da faixa é compatível para padrões módicos e racionais de posses e consumo. Segundo [7], o volume de corte entre as faixas seria compatível ao consumo de equipamentos de condicionamento de ar.
  - ✓ A alocação de custos nas categorias de alta é media tensões é realizada pela utilização do método do "Médio Intercepto". De maneira simples, a variação do custo horário é consequência da manutenção do custo médio no denominador e da diminuição do denominador (energia) quando a "linha de interseção" que é paralela ao eixo das abscissas sobe com o crescimento do carregamento. O sinal de economia vinculado aos custos adicionais de disponibilidade é adicionado apenas nos horários com carga maior do que 80% do máximo carregamento.

Uma síntese consolidada em [2] mostra a grande variedade de métodos e métricas utilizados nos países analisados (Tabela 3.1).

Na investigação realizada pode-se verificar que a estrutura de mercado onde as tarifas da energia (entendida como *commodity*) são estabelecidas em condições concorrenciais é a mais adequada sob a ótica da maximização do bem-estar. Logo, as tarifas da *commodity* devem refletir os sinais do mercado em concorrência. Não obstante, as tarifas devem ser reguladas quando o mercado não está integralmente liberalizado ou quando, mesmo liberalizado, existe um "comercializador de último recurso". As tarifas da *commodity* devem transmitir sinais tanto de longo como de curto prazo. Para o curto prazo são utilizadas tarifas dinâmicas de forma a refletir o comportamento da demanda em períodos de escassez e permitir o rápido balanceamento com a oferta.

Tabela 3.1. Consolidação dos critérios tarifários na experiência internacional selecionada[10]

Critérios Avaliados	Portugal	França	Reino Unido	Espanha	Califórnia	Chile
Tarifas calculadas com base no custo marginal	Sim	Não	Sim	Sim	Sim	Não
Metodologia de cálculo do custo marginal	CIMLP	Custo médio	CIMLP	Não identificado	Não identificado	Custo médio
Utilização de regra de Ramsey	Não	Não	Não	Sim	Não	Não
Tarifa de acesso, por usuário (componente fixa)	Sim	Sim	Sim	Sim	Sim	Sim
Tarifas por tensão	Sim	Sim	Sim	Sim	Sim	Sim
Tarifas estratificadas por classe de consumo	Não	Sim	Sim	Não	Sim	Não
Tarifas "Time of Use – TOU"	Sim	Sim	Sim	Sim	Sim	Sim
Tarifa convencional (demanda e energia)	Sim	Sim	Não	Sim	Não	Sim
Sinal locacional nas tarifas	Não	Não	Não	Não	Não	Não
Tarifas dinâmicas: Real – Time Pricing, Critical Peak Pricing	Não	Sim	Sim	Não	Sim	Não

Na pesquisa internacional, foi identificado que existe tendência liberalizante do mercado de varejo e de utilizar tarifas dinâmicas na precificação da *commodity*. Entretanto, há uma preocupação em garantir o fornecimento aos clientes de baixo consumo através de um comercializador de último recurso. No caso específico do Brasil, por exemplo, cabe avaliar os problemas que a liberalização total geraria na alocação dos custos das perdas não técnicas e dos diversos subsídios oferecidos a título de incentivo às fontes alternativas, por exemplo.

---
[10] CIMLP – Custo Incremental Médio de Longo Prazo.

Verifica-se também tendência a simplificar o desenho das tarifas de "pedágio", em prol da liberalização do mercado da *commodity*. Finalmente, foram identificados alguns temas controversos, em que não há hegemonia de práticas nos países estudados. Dentre esses temas são destacados:

- Há utilização expressiva da regulação por incentivos, porém não existe tendência clara na escolha do regime regulatório: *Price Cap vs. Revenue Cap*.
- Grau de liberdade das empresas na definição da estrutura tarifária: o regulador pode estabelecer os princípios sobre os quais a estrutura deve ser calculada, pode definir totalmente a estrutura ou a tarifa pode ser determinada totalmente pelas empresas.
- Tarifas baseadas nos custos alocativos aos usuários e tarifas equalizadas.
- Cobrança do serviço de transporte pelo uso ou pela disponibilidade (potência contratada).

Como pôde ser visto, o referencial teórico das proposições tarifárias é, de certa forma, comum entre os países. Por outro lado, os métodos de mensuração de custos e de sua alocação nas categorias de consumidores, bem como os "produtos" tarifários aplicados, são bem distintos.[11]

Desta forma, acreditamos que as orientações em execução, descritas no Item 3.2.1, encontram acolhida no contexto internacional em função da diversidade de práticas verificadas e, principalmente, por não emanar algum critério superior ou hegemônico.

3.2.3. Encadeamento e Síntese das Proposições Iniciais

A função deste subitem é registrar o encadeamento dos conteúdos desenvolvidos no projeto. O objetivo é facilitar ao leitor o acompanhamento das fases de desenvolvimento e de maturação do projeto, percebendo a integração das etapas e, principalmente, dos conteúdos e produtos entre os 6 subprojetos que constituem a investigação para o estabelecimento de estrutura tarifária para o serviço de distribuição de energia elétrica.

---

[11] Característica comum verificada nos países é a cobrança de encargo fixo, normalmente, vinculado aos custos comerciais. No Brasil, é a cobrança do custo de disponibilidade do serviço de distribuição de energia que herda conceitos e parâmetros do antigo "consumo mínimo".

Como visto, o desenvolvimento das pesquisas bibliográficas realizadas no período anterior abarcou amplo espectro, permitindo maior aprofundamento e melhor fundamentação na aplicação de determinados pressupostos. Não obstante, esta releitura, no atual contexto institucional e regulatório, instigou reflexões inovadoras para aplicações tarifárias que se demonstraram experimentalmente consistentes, como será visto adiante.

- (i) O referencial teórico das proposições tarifárias é, de certa forma, comum entre os países. Por outro lado, os métodos de mensuração de custos e de sua alocação nas categorias de consumidores, bem como os "produtos" tarifários aplicados são bem distintos. Mediante estes fatos, deduzimos que opções metodológicas sofrem influências:

    ✓ do regime regulatório vigente;

    ✓ da maturidade regulatória de execução das diretrizes dos regimes;

    ✓ do grau da abertura do mercado de energia; e

    ✓ da necessidade ou não de oferecer maior transparência e reprodutibilidade dos resultados tarifários aplicados aos usuários.

Desta forma, em função da diversidade de práticas verificadas no contexto internacional, sem emanar critério superior ou hegemônico, percebe-se que proposições próprias e, principalmente, compatíveis com as condições institucionais e regulamentares de cada país são as opções mais coerentes e consistentes.

No caso brasileiro, há percepção[12] de valor significativo às diretrizes de: (a) convergência entre métodos de determinação do nível tarifário e da estrutura tarifária; (b) transparência dos dados e parâmetros; e (c) rápida reprodutibilidade dos resultados. Deste modo, colimam-se para justificar proposições de métodos mais eficazes, como será visto a seguir.

---

[12] No 4º quadrimestre do projeto foram desenvolvidos método e ferramenta de análise multicritério para coletar dos agentes interessados no aperfeiçoamento da estrutura tarifária suas expectativas sobre o processo e, desta forma, dar mais representatividade à percepção até então posta. Os resultados da aplicação estão no Apêndice II.

PRODUÇÃO DE CONTEÚDO NO PROJETO DE P&D

O lastro desta proposição vem da verificação estatística[13] de que os custos regulatórios das distribuidoras, que constituem os níveis tarifários reais (capital e operacional), **apontam, ou melhor, tangenciam uma condição presente de rendimentos constantes de escala, que, por sua vez, indica a condição teórica de que os Custos Médios de Longo Prazo se equiparam aos Custos Marginais de Longo Prazo.**

- (ii) No aspecto teórico, o fato que marca uma proposta de ruptura de paradigma funcional no processo de estabelecimento da estrutura tarifária é o de abandonar as métricas, até então vigentes, de cálculo dos custos marginais (na verdade, suas aproximações como o CIMLP e a LDQO) e utilizar métricas de custos médios integralmente compatíveis com métodos e resultados do processo de determinação no nível das tarifas, ou seja, revisão tarifária.

- (iii) Conforme apresentado em [1] os pressupostos conceituais para determinação dos sinais de ponta e fora de ponta na atual metodologia carecem de fundamentação econômica. Além disso, são dependentes de hipóteses simplificadoras que não são integralmente generalizáveis e, inclusive, circunstanciais ocasionadas por dispersão de resultados.

A proposição é baseada na releitura dos trabalhos de Boitaux, Steineir, Drezé e De Salvia referenciados em [1]. O plano racional investigado sugere que um produto – como potência elétrica – com demanda variante ao longo de um ciclo deve ser valorado de forma distinta. Nos períodos de maior solicitação o produto deve ser valorado por preços proporcionais aos custos marginais de longo prazo que são compostos por custos marginais de expansão e custos marginais de operação, pois internalizam conceitualmente os custos inerentes para a ampliação do parque instalado. Consequentemente, nos períodos de menor solicitação devem-se aplicar preços proporcionais aos custos marginais de curto prazo, compostos apenas por custos marginais de operação do sistema.

---

[13] Os resultados, em mais detalhes, podem ser vistos em [2]. Ressaltamos apenas os resultados do estudo agregado considerando 50 distribuidoras que passaram pelo 2º ciclo revisional entre 2007 e 2009. A maior distribuidora tem 5 milhões de consumidores, e a menor, 0,05 milhão. O estudo de regressão linear, considerando o máximo carregamento (grandeza em MW) como variável explicativa dos custos totais da Parcela B (capital e operacional) obteve coeficiente de determinação (R^2) de 0,94, tendo o coeficiente constante b com valor maior do que zero, mas com apontamento insignificante para inferência estatística com 95% de confiança. Ou seja, não se pode rejeitar a hipótese de que a constante é nula (b = 0). Foi realizado, também, teste de regressão não linear utilizando a função potência (normalmente a função intuitivamente esperada). Entretanto, o coeficiente de determinação (R^2) não superou 0,5. Desta forma, o modelo linear mostra-se como o mais adequado para a explicação dos custos totais e, consequentemente, fortalece a hipótese de que o dimensionamento dos ativos e os custos operacionais estão em condições próximas do ótimo. Por isso, vale a orientação da convergência e aproximação entre custos médios e marginais.

Ou seja, a relação ponta/fora da ponta (p/fp) será estabelecida pela relação entre custo marginal de longo prazo/custo marginal de curto prazo (cmlp/cmcp).

De forma coerente ao apresentado em (i), a *proxy* para custos marginais de expansão e operação podem ser os de capital (remuneração do capital e quota de reintegração) e operacionais eficientes considerados na revisão tarifária. O conceito para o cálculo da relação é ilustrado no exemplo da Figura 3.8 (C_f é o custo de capital e C_T é o somatório do custo de capital e operacional). O racional parte do conhecimento técnico que uma planta de capacidade rígida, como um equipamento elétrico, tem o dimensionamento para suportar, dentro de padrões adequados de operação, a capacidade q_0. Quando não há utilização (q = 0), apenas o custo fixo, ou seja, do capital imobilizado, é quantificado no custo total (C_T), mas e à medida que a demanda q cresce, o custo variável se faz representativo e crescente. Não é relevante, para os fins tarifários, discutir o formato da curva entre o ponto (q; C_f) e o ponto (q_0; C_T). Pode ser uma reta com inclinação constante, conforme ilustração, ou outra curva de perfil não linear. O fato é que se o carregamento ultrapassar a capacidade q_0 o risco de falha é elevado e, neste caso, o custo tende ao infinito, haja vista o impacto econômico da energia não suprida.

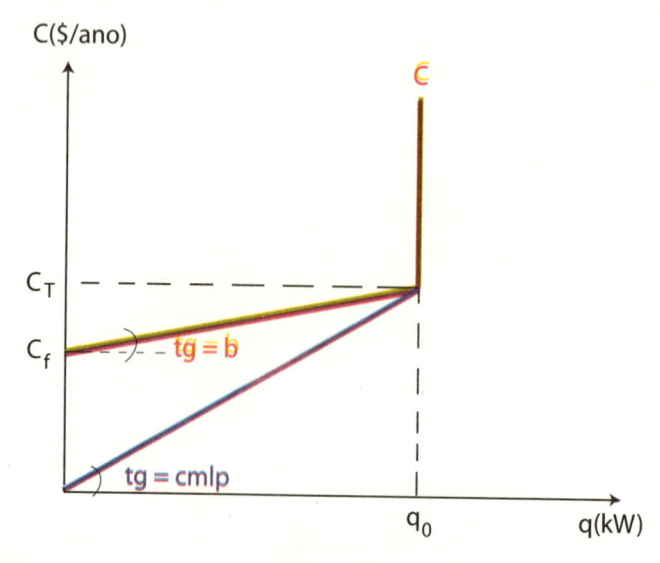

Figura 3.8. Representação gráfica para a obtenção da relação de preços entre ponta e fora de ponta.

Neste item (iii) cabe ainda mencionar – como corolário da proposta – **a viabilidade de utilização de curvas de cargas agregadas por nível e por classe de consumo ao invés do uso de tipologia, por absoluta perda de objeto.**[14]

- (iv) outra reflexão teórica tratada no âmbito do projeto refere-se a internalizar a teoria do bem-estar social de modo a contemporizar os excedentes dos consumidores para alocação de custos. O plano estrutural é a possibilidade de compor uma proposição tarifária que aglutine os sinais de custos pelo lado da oferta do serviço de distribuição com os sinais pelo lado da demanda, especificamente, obtidos dos excedentes dos consumidores.

- Como pode ser percebido, o ponto nevrálgico da metodologia é determinar o coeficiente de sensibilidade social. Para isso, pretende-se estimá-lo por inspeção dos efeitos das políticas afirmativas, da tributação regressiva e dos subsídios econômicos existentes atualmente no Brasil. Os resultados deste esforço serão apresentados, mais adiante, no Item III.4 do Apêndice III.

A atual orientação depreendida na manifestação dos membros do Comitê Gestor indica que:

- Custos comerciais – conforme apresentado na Nota Técnica nº 271/2009 – SRE-SRD /ANEEL e também na similaridade de práticas internacionais – poderão ser alocados de forma proporcional ao número de consumidores, haja vista sua principal equação de formação de custos estabelecida na REN 338/08.

- Por sua vez, os custos de O&M das redes de distribuição, no modelo normativo da Empresa de Referência, já são identificados por nível de tensão.

- Logo, nossa orientação experimental foi alocar os custos de Administração entre os níveis de tensão e classe de consumo, conforme os postulados e parâmetros desta proposição pelo lado da demanda, bem como aferir a viabilidade de redistribuição de custos entre as faixas de consumidores residenciais, conforme seus excedentes.

---

[14] Na atual metodologia, a tipologia tem a principal aplicação de determinação dos custos horários e, consequentemente, do estabelecimento dos sinais de ponta e fora de ponta. Nota-se que não se questiona o processo de obtenção da curva de carga estabelecido no Prodist, haja vista as diversas aplicações na regulação, em especial da área técnica. Por outro lado, surge oportunidade de grande simplificação do procedimento operacional para o estabelecimento da estrutura tarifária, sem perda da qualidade da proposta apresentada.

CAPÍTULO 4

Contribuições do Projeto de P&D ao Objeto da AP 120/2010

No final de 2010 a ANEEL abriu a Audiência Pública nº 120/2010 objetivando coletar contribuições da sociedade para o aprimoramento da estrutura tarifária do setor de distribuição de energia elétrica. Na nota técnica[1] nº 360, que acompanha a mencionada AP, é registrado que "...outra fonte de contribuições para o aprimoramento da Estrutura Tarifária é o do Projeto Estratégico de P&D ... Os Relatórios Parciais dos Subprojetos foram analisados e contribuíram para a presente proposta. Na continuidade do processo de regulamentação, os futuros produtos do Projeto de P&D também serão considerados". Isto posto, este capítulo foi produzido a partir do conteúdo investigado e dos experimentos realizados no projeto de P&D até o referido momento. Nota-se que nem toda a produção dos subprojetos está consubstanciada neste capítulo. Foram selecionados os conteúdos pertinentes aos temas tratado na AP 120/2010 e suficientemente maduros para serem oferecidos como pontos concretos de contribuição visando o aperfeiçoamento metodológicos, sob orientação:

---
[1] Nota Técnica nº 360/2010 – SER SRD/ANEEL, de 6 de dezembro de 2010, § 27, Fl. 9.

(i) do refinamento da fundamentação teórica;

(ii) das simplificações de rotinas operacionais;

(iii) da conciliação ao referencial regulatório vigente; e

(iv) da eficácia das modalidades tarifárias aos usuários.

Neste sentido, vale o repasse de questões desenvolvidas e apresentadas em capítulos anteriores, objetivando o encadeamento lógico das contribuições.

As pesquisas bibliográficas realizadas em todos os subprojetos abarcaram amplo espectro, permitindo maior aprofundamento e melhor fundamentação na aplicação de determinados pressupostos. Não obstante, essa releitura, no atual contexto institucional e regulatório, instigou reflexões inovadoras para aplicações tarifárias que se demonstraram experimentalmente consistentes, como será visto.

O referencial teórico das proposições tarifárias é, de certa forma, comum entre os países. Por outro lado, os métodos de mensuração de custos e de sua alocação nas categorias de consumidores, bem como os "produtos" tarifários aplicados, são bem distintos.[2] Mediante esses fatos, deduzimos que opções metodológicas sofrem influências:

- do regime regulatório vigente;
- da maturidade regulatória de execução das diretrizes dos regimes;
- do grau da abertura do mercado de energia; e
- da necessidade ou não de oferecer maior transparência e reprodutibilidade dos resultados tarifários aplicados aos usuários.

Desta forma, em função da diversidade de práticas verificadas no contexto internacional, sem emanar critério superior ou hegemônico, percebe-se que proposições próprias e, principalmente, compatíveis com as condições institucionais e regulamentares de cada país são as opções mais coerentes e consistentes.

---

[2] Característica comum verificada nos países é a cobrança de encargo fixo, normalmente vinculado aos custos comerciais. No Brasil, a cobrança do custo de disponibilidade do serviço de distribuição de energia, que herda conceitos e parâmetros do antigo "consumo mínimo". Isso foi objeto de análise e proposição no âmbito deste projeto de P&D na etapa de desenho e modalidade tarifária que será visto mais adiante.

No caso brasileiro, há percepção[3] de valor significativo às diretrizes de:

1. *convergência entre métodos de determinação do nível tarifário e da estrutura tarifária;*
2. *transparência dos dados e parâmetros; e*
3. *rápida reprodutibilidade dos resultados. Deste modo, colimam-se para justificar proposições de métodos mais eficazes, como será visto a seguir.*

Cmg
• Cimlp, LDQO etc.

Tipologia
• Coleção de perfis de curvas de carga

Topologia
• Diagrama unifilar simplificado da rede

Estrutura Vertical
• Alocação de receita por nível de tensão

Estrutura Horizontal
• Relação ponta e fora de ponta – RPFP

Modalidades Tarifárias
• Monômia, Binômia, Horossazonais etc.

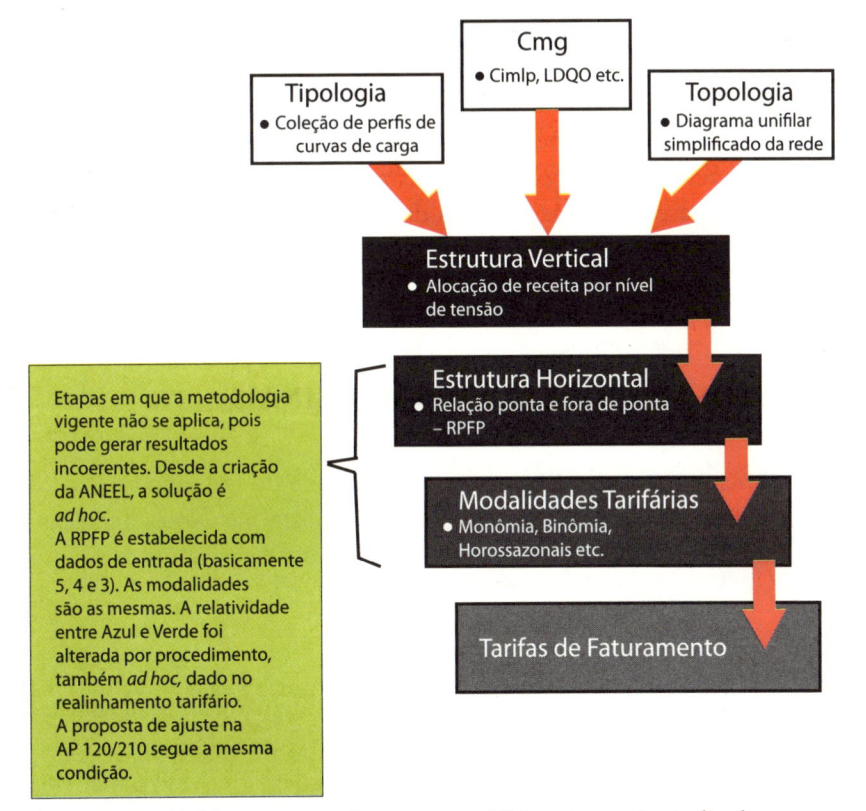

Tarifas de Faturamento

Etapas em que a metodologia vigente não se aplica, pois pode gerar resultados incoerentes. Desde a criação da ANEEL, a solução é *ad hoc*.
A RPFP é estabelecida com dados de entrada (basicamente 5, 4 e 3). As modalidades são as mesmas. A relatividade entre Azul e Verde foi alterada por procedimento, também *ad hoc*, dado no realinhamento tarifário.
A proposta de ajuste na AP 120/210 segue a mesma condição.

Figura 4.1. Macroprocesso da estrutura tarifária e etapas não atualizadas desde a primeira aplicação.

---

[3] Desenvolvemos e aplicamos, durante o 5º quadrimestre do projeto, método de apoio à decisão multicritério para coletar dos agentes interessados no aperfeiçoamento da estrutura tarifária suas expectativas sobre o processo e, desta forma, dar mais representatividade à percepção até então posta. O modelo foi aplicado aos profissionais que atuam na atividade de distribuição de energia elétrica, bem como profissionais de associações representativas do segmento de consumo. A atividade realizada no subprojeto "modalidades e tecnologias de precificação" estará consolidada em relatório disponibilizado no último quadrimestre do projeto.

Observa-se ainda que, desde a sua primeira aplicação, no início dos anos 80, **o método em vigor não foi executado integralmente desde então**. As etapas da Estrutura Horizontal e Modalidades Tarifárias não foram alteradas ou atualizadas conforme os resultados dos algoritmos aplicados. No primeiro caso, as Relações de Ponta e Fora de Ponta não são as oriundas do modelo de cálculo. São estabelecidas de maneira *ad hoc*, por ajuste externo ao algoritmo original. As modalidades sofreram alterações circunstanciais em função do processo de realinhamento tarifário, estabelecido no Decreto nº 4.667/03.

O procedimento alterou o ponto ótimo de decisão entre as tarifas horossazonais verde e azul, independente da atualização dos custos de capacidade, conforme o método. Estes pontos são ilustrados na Figura 4.1. Ressalta-se que o conteúdo apresentado nas minutas da AP 120/2010 não propõe alteração nessas questões, sendo, desta forma, objeto de contribuição do projeto de P&D, como será visto adiante.

4.1. CUSTOS MÉDIOS E CUSTOS MARGINAIS

Inicialmente, cabe registrar a elevada qualidade do trabalho realizado nos últimos anos pelos especialistas da ANEEL, exposto nas Notas Técnicas que consubstanciam a Audiência Pública nº 120/2010. Observamos como pontos capitais:

1. a visita ao referencial teórico;

2. a análise contemporânea das experiências regulatórias para aperfeiçoamento das estruturas tarifárias em países selecionados;

3. o diagnóstico das limitações existentes nas métricas aplicadas, como aproximações aos custos marginais; e

4. o pragmatismo em propor a convergência das metodologias de determinação do nível (revisão tarifária) com as de estrutura tarifária.

Nossa contribuição para este item, extraída dos resultados parciais do projeto de P&D de estrutura tarifária, visa ampliar e fortalecer a fundamentação apresentada na NT 126/2010, e principalmente mostrar condição singular que permite simplificar etapas do estabelecimento da estrutura tarifária, em função dos resultados experimentais encontrados.

No aspecto teórico, o fato que marca uma proposta alternativa funcional no processo de estabelecimento da estrutura tarifária é o de substituir as métricas, até então vigentes, de cálculo dos custos marginais (na verdade, suas aproximações, como o CIMLP e a LDQO) e utilizar métricas de custos médios integralmente compatíveis com métodos e resultados dos processos de determinação no nível das tarifas, ou seja, da revisão tarifária das distribuidoras.

O lastro desta proposição vem da verificação estatística de que os custos regulatórios, que constituem os níveis tarifários reais (capital e operacional), alocados aos usuários, apontam para **uma condição presente de proximidade dos rendimentos constantes de escala que, por sua vez, indica situação teórica verificada na microeconomia de que os Custos Médios de Longo Prazo se equiparam aos Custos Marginais de Longo Prazo.**

Isso pode ser observado nos resultados do estudo agregado, considerando 50 distribuidoras que passaram pelo 2º ciclo revisional entre 2007 e 2009.

A maior distribuidora tem mais de 5 milhões de consumidores, e a menor, 0,05 milhão (valores aproximados).

O estudo de regressão linear considerando o máximo carregamento (grandeza em MW) como variável explicativa dos custos totais da Parcela B (capital e operacional) obteve coeficiente de determinação (R^2) de 0,94, tendo o coeficiente linear b com valor maior do que zero, mas com apontamento de insignificante para inferência estatística com 95% de intervalo de confiança. Ou seja, não se pode rejeitar a hipótese de que a constante é nula ($b = 0$).

Foi realizado também teste de regressão não linear utilizando a função potência (normalmente a função intuitivamente esperada). Entretanto, o coeficiente de determinação (R^2) não superou 0,5.

Os resultados gráficos estão apresentados nas Figuras 4.2 e 4.3, respectivamente (cada ponto representa uma distribuidora, contento no eixo das abscissas sua demanda máxima e no eixo das ordenadas o valor de sua parcela B, estabelecida no processo de revisão tarifária).

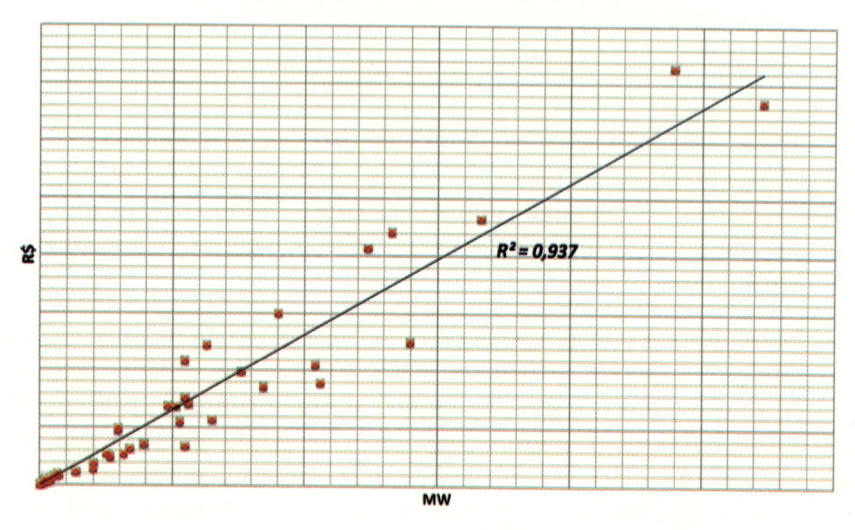

Figura 4.2. Modelo linear: custos totais por demanda máxima.

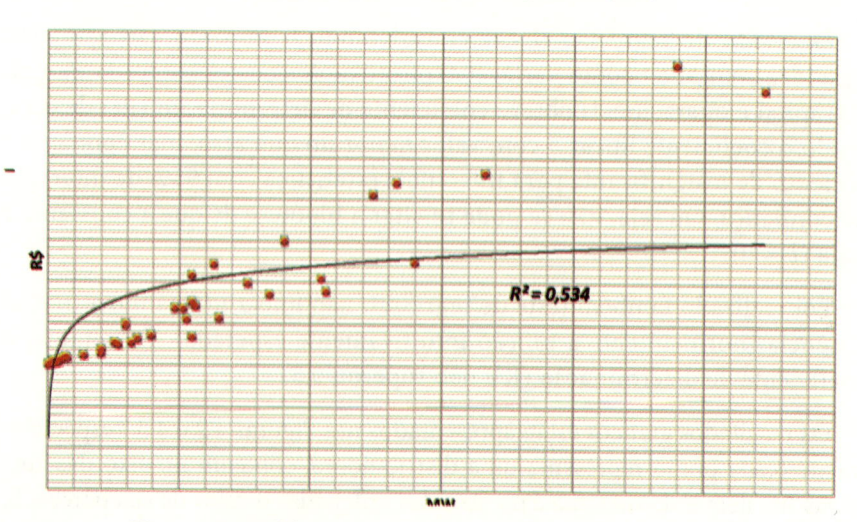

Figura 4.3. Modelo não linear: custos totais por demanda máxima.

Desta forma, **o modelo linear**[4] **mostra-se como o mais adequado para a explicação dos custos totais regulatórios** e, consequentemente, fortalece a hipótese de que os dimensionamentos dos ativos e dos custos operacionais estão em condições próximas do ótimo. Por isso, **vale a orientação da convergência e aproximação entre custos médios e marginais.**[5]

A utilização dos custos regulatórios em detrimento dos custos reais e individuais de cada empresa é a mais adequada, pois:

1. são os reais custos percebidos pelos quase 70 milhões de usuários das redes elétricas;
2. são os mais aderentes ao regime tarifário vigente (preço teto).

Assim, a parcela de custos reais adicionais das distribuidoras que não são repassados às tarifas, interpretados (neste modelo de regulação) como custos ineficientes, **também não será refletida nos sinais da estrutura tarifária oferecida aos usuários.**

Ressalte-se que estes resultados não contestam a teoria do monopólio natural, mesmo porque os modelos indicam fortes economias de escala para capacidades fixas no curto prazo, mas **observa-se condição de aproximação estatística entre custos médios e marginais no longo prazo que torna indiferente a utilização de um ou de outro, pois oferecem, nesta condição, o mesmo sinal econômico.** Não se pode afirmar que a tendência será mantida para os próximos ciclos tarifários. Por isso, deve ser aferida continuamente, **mas para este 3 CRTP a conclusão e a orientação são válidas para o estabelecimento da estrutura tarifária.**

Por fim, registra-se que, na esfera operacional dos cálculos, **a utilização dos custos médios direcionará mais previsibilidade, coerência e simplicidade ao processo de estabelecimento da estrutura tarifária.**

---

[4] Existem diversos pontos que podem justificar esta aproximação e merecem investigação adicional, mas deduzimos duas principais origens:
  1ª As metodologias de formação no nível tarifário (Reposicionamento) condicionadas ao regime de incentivos naturalmente excluem os extremos de ineficiência e eficiência. Logo, há redução da variância de resultados favorecendo condições para linearidade.
  2ª As definições clássicas da existência de monopólio natural desconsideram condições de qualidade do produto e serviço e de condições sociais exógenas. A densidade de carga (MWh/UC) naturalmente atua no denominador dos custos médios para sua redução. Todavia, no segundo momento, efeitos de maior exigência socioeconômica (qualidade, confiabilidade, salários etc.) podem pressionar valores que constituem o numerador, ou seja, os componentes da formação dos custos. Este efeito pode acelerar a saturação da curva de custos médio e marginais e, consequentemente, aproximar-se de rendimentos constantes de escala.

[5] Cabe ressaltar que estes resultados não devem ser considerados conta-prova aos estudos e resultados individuais das empresas, haja vista a utilização e tratamento dos dados de custos que necessariamente não são convergentes como os regulatórios.

4.2. SINAIS PARA A ESTRUTURA HORIZONTAL: RELAÇÕES DE PONTA E FORA DE PONTA PARA USO DAS REDES ELÉTRICAS

Conforme apresentado em [1], os pressupostos conceituais para determinação dos sinais de ponta e fora de ponta na atual metodologia carecem de fundamentação econômica.

O que se tem, na verdade, é uma interpretação de que os custos associados às redes com ponta (carregamento pesado) no horário dominante e os custos associados às redes com ponta em horário distinto estabelecem a "relação de ponta e fora de ponta". De fato, a metodologia vigente só aloca custos de rede nos instantes de pico, que podem ocorrer em horários distintos. O efeito das diferenças entre custos de "ponta" e custos "fora de ponta" é, em última análise, reflexo da diferença de participação dos mercados com pontas no horário dominante das distribuidoras e dos mercados com ponta em horário distinto (ver Apêndice I).

Com efeito, o método atual oferece relação circunstancial, pois se as curvas de cargas com ponta em horário distinto ao dominante alterarem seus perfis de modo que as pontas, agora, coincidam ou se aproximem do horário de ponta dominante, o sinal de fora de ponta deixará de existir.

Ressalte-se que o método vigente internaliza de forma implícita[6] um conjunto de hipóteses simplificadoras que não são integralmente generalizáveis e, inclusive, circunstanciais pela dispersão de resultados.

---

[6] a) A condição da metodologia vigente para alocação de custos de expansão das redes é a verificação do máximo carregamento das redes por meio das curvas de carga. Todavia, a condição real dos estudos técnicos de planejamento desenvolvidos para os planos de expansão consideram, além de critérios de melhoria da qualidade de fornecimento, que não são necessariamente associados aos picos de carga, também os limites térmicos de capacidade das redes. Esta última condição é muito sensível, no Brasil, às condições de isolação. Desta forma, em função das distintas características de dissipação de calor dos diversos tipos de cabos utilizados nas redes de alta e média tensões, o limite de térmico pode restringir a capacidade de despacho entre 10% e 40% durante os horários do dia, em função da incidência do sol. Desta forma, a real expansão das redes poderá ocorrer em horários em que não há necessariamente a máxima demanda da carga. Uma solução natural seria internalizar essas características na atual metodologia, mas o aumento da complexidade concorre com os demais objetivos para o estabelecimento de estrutura tarifária e notadamente motiva análises alternativas.

b) A tecnologia de medição instalada não permite a sofisticação de produtos tarifários. Além disso, o regime regulatório de *price-cap* e suas condições de execução dificultam a ampla diferenciação de produtos tarifários dentro e entre as distribuidoras, haja vista o necessário acompanhamento da agência reguladora. Desta forma, a verificação e a mensuração dos custos das redes com maior carregamento em horários e regiões distintas tornam-se inócuas quando estes sinais econômicos são aplicados ao coletivo de consumidores por meio de tarifas de uso de redes sem especializar aquelas disparidades.

Ademais, persiste a tese de que a metodologia vigente é suficiente para oferecer sinais adequados e racionais, desde que realizados alguns ajustes. Até o presente momento, não se tem conhecimento de outra proposta de ajuste do que a chamada "desmodulação" da curva de carga dos consumidores.

A modulação ocorre quando os usuários reduzem suas cargas no momento do horário de ponta que tem a tarifa mais cara. Essa é a reação esperada do consumidor. No entanto, se essas curvas de carga reais, sob influência dos atuais sinais de preços, forem utilizadas na metodologia vigente, os resultados serão contraditórios (por exemplo, a tarifa do horário de ponta poderá, no limite, ficar inferior à da fora de ponta). Esse resultado não pode ser aplicado, pois, no momento seguinte, diversos clientes alterarão suas curvas de carga e, ato contínuo, as redes poderão não suportar demandas solicitadas e suscitar comprometimento da operação e do fornecimento de todo o sistema. Nota-se que a ANEEL, desde sua criação, jamais utilizou os resultados do "TARDIST" (software que opera a atual metodologia) para definir a estrutura horizontal, bem como as modalidades tarifárias. As relações de ponta e fora de ponta são definidas *ad hoc* com os valores herdados desde os primórdios da aplicação das tarifas horossazonais no Brasil, conforme mencionado na Nota Técnica nº 361/2010.

A tese que defende a atual metodologia se baseia no argumento de que a situação descrita anteriormente não é problema suficiente para descartá-la, pois se as curvas de cargas não estivessem sob influência do sinal tarifário, como no passado, os sinais seriam corretos. Por isso, oferece como principal ajuste a dita "desmodulação".

Entretanto, a própria agência tem posicionamento sobre o método de ajuste. *In verbis:*

> *Ressalta-se que o método de cálculo dos custos marginais de capacidade possibilita a estimativa das RPFP. Todavia, é necessário conhecer as curvas de carga e de redes sem a influência do sinal de preço existente; dado indisponível. Uma solução prática para este problema é a chamada desmodulação de carga, quando curvas de carga sem a influência dos sinais de preço são estimadas. Para isso, podem-se utilizar as elasticidades do mercado frente aos sinais de preço ou por meio da estimativa gráfica das curvas de carga... As elasticidades do mercado ao sinal de preço não são um cálculo tão trivial: além disso, a desmodulação gráfica das curvas de carga resume-se em uma técnica bastante subjetiva. Mesmo conhecendo o modelo correto de reação do mercado, existem algumas dificuldades práticas, tal como o da estabilidade tarifária.*[7]

---

[7] Nota Técnica nº 361/2010 – SRE-SRD/ANEEL, de 6/12/2010, §§ 73 e 74, Fl. 19.

No âmbito processual, as amostras que foram coletadas representam as curvas de carga do universo dos usuários e das transformações das distribuidoras. Quando se "desmodula", pode-se incorrer, mesmo sem intenção, na:

1. manipulação da amostra e consequentemente "viciando-a", pois perdeu sua essência aleatória;

2. alteração da alocação da estrutura vertical. Ou seja, os usuários que já modulam como, por exemplo, os da alta-tensão terão alocação de mais custos para dimensionar suas tarifas, criando subsídio cruzado sem justificativa; e

3. não-conformidade do método de pesquisa ao se abstrair da avaliação dos limites de uma dada metodologia e, conforme resultado, perder a motivação para buscar e investigar alternativas mais consistentes.

Assim, independente do método que se apresente, a "desmodulação" significa, em última análise, alterar a realidade das curvas de carga para que o método vigente possa funcionar racionalmente.

Mais do que a limitação funcional para os estudos de "desmodulação" – conforme menção da ANEEL –, questiona-se o ato de alterar a realidade exposta nas curvas de carga. Este tipo de intervenção, independente do método de "desmodulação" aplicado, reduzirá a importância da precisão em etapas anteriores, como plano amostral, coleta de curva de carga, topologia etc. Como mencionado, a "desmodulação" da curva de carga poderá alterar arbitrariamente a estrutura vertical e alocar mais ou menos custos entre os níveis de tensão, gerando subsídios injustificados.

Em suma, se há necessidade desse tipo de intervenção sob a realidade, deve-se primeiro analisar a efetividade do método para quais circunstâncias poderia ser aplicado.

Neste contexto, a proposição desse projeto de P&D é baseada na releitura dos trabalhos de Boiteux, Steineir, Drezé e De Salvia, referenciados em [1].

O plano racional investigado sugere que um produto (como potência elétrica) com demanda variante ao longo de um ciclo deve ser valorado de forma distinta. Nos períodos de maior solicitação, o produto deve ser valorado por preços proporcionais aos custos marginais de longo prazo, que são compostos por custos marginais de expansão e custos marginais de operação, pois internalizam conceitualmente os custos inerentes para a ampliação do parque instalado. Consequentemente, nos períodos de menor solicitação aplicam-se preços proporcionais aos custos marginais de curto prazo, compostos apenas por custos marginais de operação do sistema, haja vista o atendimento considerando o mesmo parque instalado. **Ou seja, a relação ponta e fora de ponta (RPRP) será estabelecida pela razão entre custo marginal de longo prazo e custo marginal de curto prazo (cmlp/cmcp).**

De forma coerente ao apresentado no Item 4.1, ou seja, **que os custos médios estão em condições de sinalização equivalentes aos custos marginais de longo prazo**, a *proxy* para custos marginais de expansão e operação pode ser os respectivos custos de capital (remuneração do capital e quota de reintegração) e custos operacionais (O&M e perdas de receita irrecuperáveis) considerados na revisão tarifária das distribuidoras. A proposta de cálculo da relação é ilustrada no exemplo conceitual da Figura 4.4 (em que: C_f é o custo de capital; C_T é o somatório do custo de capital e operacional; e q_o é a demanda máxima verificada considerada no diagrama unifilar). Note-se, neste modelo simplificado, que o custo operacional surge a partir da solicitação de demanda (q), e quando a demanda ultrapassa a demanda máxima há "ruptura" de custos (linha vermelha paralela ao eixo das ordenadas), como analogia aos custos econômicos da falta de energia.

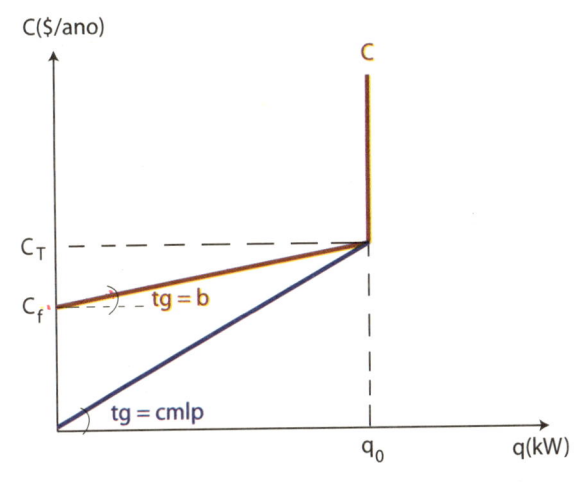

Figura 4.4. Representação gráfica para a obtenção da relação de preços entre ponta e fora de ponta.

Para os fins operacionais, a relação obtida pelo método poderá ser única para toda a concessionária e, inclusive, indistinta por nível de tensão, haja vista:

1. como visto na revisão bibliográfica, toda segmentação de custos em atividade multiprodutos, como é o caso da distribuição de energia elétrica,

depende de critérios de rateio com maior ou menor grau de arbitrariedade e razoabilidade, pois não há fonte primária de custos por produto;

2. as curvas de carga de níveis de tensão inferiores estão refletidas nas curvas superiores e, por isso, atenuam a necessidade de especialização da relações de ponta e fora de ponta entre os níveis de tensão;

3. a *proxy* dos custos operacionais apresentada não considera, quantitativamente, riscos de falta de energia quando o carregamento das redes se aproxima dos limites das suas respectivas capacidades. Esses custos crescem de forma não linear com os níveis de tensão em função da abrangência econômica oriunda de sua falha. Como mencionado anteriormente, o aumento de complexidade concorre com os objetivos de simplicidade, transparência e reprodutibilidade;

4. a abertura dos custos de capital por nível de tensão depende da determinação e/ou estimativa das vidas úteis médias dos ativos contidos em cada um desses níveis de tensão, bem como da especialização de custos operacionais de natureza administrativa sem relação com níveis de tensão. Por isso, vale também a ressalva do item anterior;

5. a convergência com os sinais e métodos utilizados na tarifação da rede básica deve ser considerada benefício da proposta. Apesar dos diversos níveis de tensão da rede básica, não há indicação ou previsão para sinais de ponta e fora de ponta distintos entre seus níveis, inclusive no escopo do projeto de P&D estratégico que analisa o aprimoramento da tarifação na transmissão (Chamada Pública nº 003/2008). Cabe a reflexão se a especialização de sinais de ponta por nível de tensão não foi necessária no segmento de transmissão por não existir problema identificado que justificasse tal procedimento e, consequentemente, do aumento da complexidade do método.

Todavia, as tarifas diferenciadas (ponta e fora de ponta) podem ser aplicadas pela distribuidora em horários distintos conforme as necessidades de suas regiões geoelétricas para tornar-se mais aderente às condições locais de sinalização de custos e de modulação.[8]

Os resultados preliminares, apresentados na Figura 4.5, foram obtidos a partir da mesma plataforma de dados utilizada nos cálculos estatísticos expostos no Item 4.1, ou seja, com resultados das revisões tarifárias do 2º CRTP.

---

[8] Aliás, cabe mencionar que a operacionalização já é regulamentada pela ANEEL. Para isso, ver § 2º do Artigo 59 da REN nº 414/2010.

Observa-se que os custos marginais de longo prazo incluem custos de expansão e operacionais de longo prazo. Assim, como aproximação dos referenciais teóricos apresentados e a vinculação com as metodologias de nível tarifário, os custos operacionais eficientes foram, nesta simulação, fracionados equitativamente entre posto de ponta e fora de ponta.[9]

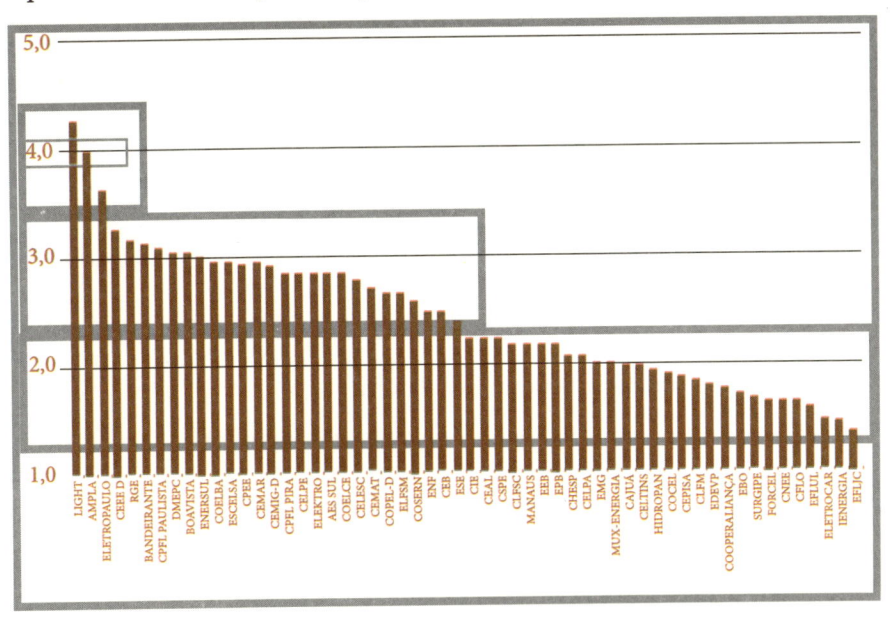

Figura 4.5. Relação do sinal ponta e fora de ponta resultante da proposta metodológica do projeto de P&D.

Nota-se que os resultados são bem razoáveis aos sugeridos pela ANEEL (Tabela 4.1) e atendem a expectativa de estabilidade tarifária, também almejada pela agência. Ademais, o referencial teórico é conhecido e os valores obtidos são reprodutíveis e conciliados com conceitos, sinais e resultados das metodologias que determinam os níveis tarifários.

---

[9] Nos estudos de Boiteux (apud [1]) os custos operacionais são fracionados em ponta e fora de ponta. Outros autores discutem fragmentações horárias, mas não há indicação operacional. A proposta priorizou a possibilidade de interação com as metodologias de revisão tarifária e a razoabilidade dos resultados. Não obstante, os trabalhos de Drèze (apud [1]) apontam para a conformação horária da curva de carga para a alocação dos custos. De qualquer forma, independente do referencial utilizado, advoga-se que o critério pode ser opção alocativa para atender as especificidades das distribuidoras (ou seja, a alocação de custos operacionais pode ser proporcionalizada pela quantidade de pontos tarifários ou pela própria curva de carga, conforme a razoabilidade dos resultados da RPFP encontrados.

Tabela 4.1. Relação do Sinal Ponta e Fora de Ponta contido na
NT nº 361/2010 – SRE-SRD/ANEEL (Fl. 19)

Subgrupo Tarifário	RPFP
A2	4,35
A3	3,65
A3a/A4	3,00
BT	5,00

A equação funcional do método é apresentada em:

$$RPFP = \frac{Cmlp}{Cmcp} = \frac{BRR \cdot WACC + QRR + COE \cdot p}{COE \cdot (1-p)} \quad \text{(Equação 4.1)}$$

em que:

BRR = Base de Remuneração Regulatória.

WACC = Taxa de Retorno Regulatória antes dos impostos.

QRR = Quota de Reintegração Regulatória.

COE = Custos Operacionais Eficientes.

P = Proporção estabelecida pela distribuidora com a base em referenciais de alocação dos custos (Boiteux, Drèze etc.) e mediante razoabilidade dos resultados para aplicação na própria concessão.

Conforme interesse das distribuidoras, poderá ser estabelecida regra de transição entre os atuais sinais e os resultantes da aplicação do método até o próximo ciclo tarifário, a fim de acompanhar e verificar os ajustes no comportamento das cargas em função das eventuais alterações dos sinais.

Além disso, ressalta-se o processo dinâmico de ajuste dos sinais da RPFP do modelo proposto, conforme a reação dos mercados. Exemplificando: caso o sinal da RPFP seja arrefecido, há tendência de crescimento de carga no horário de ponta. Esse eventual crescimento poderá indicar ampliação da capacidade das redes que será traduzida em investimentos que serão aferidos no processo revisional subsequente. Sendo isso fato, a nova RPFP poderá ser maior do que a do ciclo revisional anterior e o processo se autoajusta sucessivamente. É interessante notar que a relação entre custo operacional e investimento será continuamente avaliada conforme os valores estabelecidos no nível tarifário a cada período. Além da relação investimento *versus* custos operacionais, o critério internaliza informação da alteração da relatividade do preço dos insumos. Com efeito, o custo de oportunidade do capital é internalizado nesse processo de contínua decisão. No exemplo anterior, se ocorrer incremento de investimento, mas se o custo de capital reduzir de forma proporcional e as demais relações ficarem constantes (*ceteris paripus*), não haverá necessidade de alteração da RPFP.

Cabe registrar que o sinal de posto horário deve ser considerado condição de partida e posteriormente, mediante acompanhamento da distribuidora, pode sofrer calibragens (para mais ou para menos), conforme resposta dos usuários na modulação de suas curvas de carga. Em termos processuais, o ajuste dos sinais de ponta e fora de ponta deixa de ser eminentemente algorítmico para complementarmente heurístico e, consequentemente, mais flexível aos mercados e às distribuidoras.

Desta forma, foram bem-vindas as orientações da ANEEL[10] para "monitoramento do comportamento de mercado" e "flexibilização da proposta", bem como a recomendação de que se deve primar pela simplicidade e estabilidade. Neste sentido, a proposta desenvolvida neste projeto de P&D atende os requisitos esperados pela agência.

As vantagens e desvantagens da proposta estabelecida neste projeto de P&D *vis-à-vis* a atual metodologia vigente são apresentadas na Tabela 4.2.

Por isso, recomenda-se à ANEEL a aplicação dessa proposta metodológica no espaço de flexibilização proposto:[11]

Apesar da definição da relação da RPFP de referência, será facultada à distribuidora a proposição de estudos que indiquem as relações mais adequadas às características de sua área de concessão.

Desta forma, sugere-se novo texto com abordagem ampliada:

Apesar da definição da relação da RPFP de referência, será facultada à distribuidora a proposição de estudos que indiquem as relações mais adequadas às características de sua área de concessão **resultantes, inclusive, de metodologias alternativas, desde que baseadas em princípios marginalistas.**

---

[10] Nota Técnica nº 361/2010 – SRE-SRD/ANEEL, de 6/12/2010, §§ 79 até 83, Fl. 20.

[11] Nota Técnica nº 361/2010 – SRE-SRD/ANEEL, de 6/12/2010, § 82, Fl. 20.

Tabela 4.2. RPFP: comparação das vantagens e desvantagens entre métodos em análise

Quesito	Critério Vigente	Proposta do P&D
Fundamento técnico	O aumento de carregamento nas redes (pontas) sinaliza a necessidade de investimentos e a alteração do parque instalado.	Idem.
Fundamento econômico	Indefinido, pois o pressuposto é alocar os custos marginais nos horários de ponta.	Estabelecido inicialmente pela alocação dos custos marginais de longo prazo na ponta e custos marginais de curto prazo fora da ponta.
Rotinas de cálculo	Sofisticada, depende de elevada quantidade de dados e *software* especializado.	Simples, transparente e operada em planilhas do tipo *Excel for Windows*.
Sinais da RPFP	Circunstanciais. Se todas as redes têm pontas no mesmo horário, o método estabelece sinal de fora de ponta igual a zero. As simulações de "regionalização" dos estudos tarifários tendem a explicitar essa condição.	Coerentes com métodos e resultados da revisão tarifária. Simulações iniciais mostraram magnitudes, inclusive, compatíveis com os números sugeridos pela ANEEL (Tabela 3, NT nº 361/2010).
Ambiente regulatório	Aderente ao *custo do serviço*, pois reflete exclusivamente os custos da distribuidora.	Associada aos resultados da revisão tarifária e, consequentemente, ao regime de *preço teto*.
Característica de calibragem com o tempo	Estática. O método gera sinalizações coerentes, desde que não se utilizem curvas de carga reais. *As reais reações dos consumidores aos sinais vigentes precisam ser negligenciadas.*	Dinâmica. O processo deve ser atualizado a cada ciclo revisional. Se a participação do capital aumentar em relação aos custos operacionais, por eventual expansão das redes para atender a ponta, a RPFP será ampliada. Caso contrário, a RPFP será arrefecida. *Os sinais são coerentes com as respostas dos consumidores.*
Isonomia	As RPFP em um mesmo nível de tensão poderão ser diferenciadas dentro da mesma distribuidora na condição de regionalização do sinal.	O sinal é único para toda distribuidora. O que pode variar (mas já regulamentado, § 2º, Art. 59 da REN nº 414/2010) é o horário de aplicação da tarifa de ponta.

(Continua)

Tabela 4.2. *(Continuação)*

Quesito	Critério Vigente	Proposta do P&D
Principal deficiência	Não suporta as reais condições de mercado refletidas nas curvas de carga dos usuários. Por isso, salvo melhor juízo, necessita de curvas "desmoduladas" para produzir resultados aplicáveis. Este tipo de intervenção, independente do método de "desmodulação" que se aplique, reduz a importância da precisão em etapas anteriores (plano amostral, coleta de curva de carga, topologia etc.). Além disso, a "desmodulação" pode repercutir na estrutura vertical e gerar subsídios cruzados entre níveis de tensão de maneira arbitrária e injustificada.	O estabelecimento da alocação dos custos operacionais nas faixas de ponta e fora de ponta depende das características das curvas de carga reais e da intensidade das RPFP resultantes de cada distribuidora. Como em qualquer outro método de relativização de preços, há possibilidade de ocorrer o *shifting peak* (inversão da ponta). Por isso, o acompanhamento da reação de mercado é necessário. Podem-se prever etapas de ajustes, se oportunos, até o próximo ciclo revisional. Não se trata de um processo algorítmico, mas heurístico, para identificar a melhor solução viável.
Viabilidade para aplicação	BAIXA! 1. A metodologia vigente não é aplicável com as curvas de carga reais. 2. A ANEEL registra várias restrições ao processo de "desmodulação" (Fl 19, §§ 73 e 74 da NT 361/2010) que indica sua baixa possibilidade de aceitação.	PROMISSORA! 1. Aderente ao regime do preço-teto. 2. Conciliada com métodos e resultados da revisão tarifária. 3. Simples, transparente (inclusive aos usuários), não depende de *software* especializado, opera com dados reais e regulatórios e gera resultados factíveis. 4. A ANEEL espera proposta metodológica alternativa das distribuidoras (fl 19, §§ 82 e 83 da NT 361/2010).

4.3. PROPOSTA DE MODALIDADES TARIFÁRIAS

O tema modalidades tarifárias foi tratado de forma ampla em quatro dos seis subprojetos. Independente da abordagem tratada em cada subprojeto, o ponto capital é o reconhecimento de que a construção de modalidades tarifárias refletindo os custos do ofertante, no caso das distribuidoras, é cláusula pétrea. **Por outro lado, as modalidades sempre serão parciais se não cotejarem sinais da deman-**

da para suas formações e calibrações. Nesse contexto, a diretriz de internalizar os sinais do "comportamento da carga" deve ser ampliada para além da observação das curvas de carga dos usuários. É necessário considerar sinais econômicos objetivos da seleção do uso da energia dos diversos usuários para, de fato, oferecer sinais eficientes ao mercado.

Antes de avançar nas proposições, vale a contextualização histórica dos regimes de regulação econômica de monopólios naturais como o de distribuição de energia elétrica. O então regime de custo pelo serviço, ou rentabilidade garantida, vigorou no Brasil até o início dos anos 90. Neste sistema[12], o nível tarifário era estabelecido integralmente pelos custos operacionais efetivos das distribuidoras e era garantida rentabilidade sobre o capital investido em ativos aplicados no serviço público. Contudo, esse modelo se apresentou deficiente na prática por apresentar sinais distorcidos que potencializaram a ineficiência setorial. Um dos mais conhecidos é o efeito *averch-johnson*[13] – que não incentivava o aumento da produtividade operacional, pois os custos seriam integralmente repassados (custos elevados repassados e melhoria de desempenho capturada), bem como poderia estimular o investimento em ativos elétricos de forma perdulária, a fim de manter margens com rentabilidade eventualmente superiores às outras opções de investimentos de risco equivalentes.

Com a publicação da Lei 8.631/93, o regime passa para **regulação por incentivos**, por meio do referencial de "preço teto" para o caso das distribuidoras de energia elétrica. **Neste ambiente, os custos reais das distribuidoras não são mais os exclusivos para a formação dos seus níveis tarifários.**

Em última análise, a lógica é dinamizar a produtividade e a eficiência do setor ao permitir apropriação de ganhos empresariais e compartilhamento de produtividade com os usuários. Para isso, os instrumentos do regulador, sem adentrar nos aspectos metodológicos, visam emular condições de competição e, consequentemente, de mercado para formar componentes do nível tarifário das distribuidoras.[14] Deste modo, **o modelo regulatório do regime econômico-financeiro das distribuidoras passou de um modelo que refletia integralmente seus custos para outro que repassa custos eficientes estimados em condições de competição e, consequentemente, sinais de mercado para garantir e estimular a eficiência para o setor e seus usuários.**

---

[12] Para mais detalhes, consultar: PIRES, J. C. e PICCININI, M.S., "Mecanismos de Regulação Tarifária do Setor Elétrico: a experiência internacional e o caso brasileiro". Textos para Discussão. BNDES: Rio de Janeiro: 1998.

[13] Para mais detalhes, consultar: JOHNSON. B.B. *et al.* "Serviços Públicos no Brasil: mudanças e perspectiva". Edgard Blücher: São Paulo, 1996.

[14] Seja por aplicar referencial exógeno de eficiência empresarial ou por comparação de desempenho entre empresas similares etc.

CONTRIBUIÇÕES DO PROJETO DE P&D... 83

Neste projeto de P&D, pretende-se também atualizar o referencial do estabelecimento de modalidades tarifárias, atualmente com base exclusivamente nos custos do serviço, para o referencial do regime regulatório de "preços teto", que considera, em sua síntese, os custos eficientes sob emulação de condições de competição.

Diversas abordagens foram analisadas no que se refere a internalizar os sinais da demanda e da contestação de mercado[15] para constituir modalidades tarifárias. Este item registra, para os fins de contribuição à AP nº 120/2010, aquelas que foram avaliadas como mais factíveis para implantação ainda neste 3º ciclo revisional.

Mas, antes disso, registram-se as principais conclusões da etapa destinada à avaliação crítica do "Custo de Capacidade" na metodologia vigente que, em essência, busca a alocação dos custos das redes elétricas de forma distinta entre usuários, sob certas condições e hipóteses.

Conforme pode ser visto em [14], a partir dos experimentos quantitativos realizados, há limites na especificação do modelo vigente, de modo que a generalização e a aplicação dos resultados podem ser controvertidas e casuísticas. Por outro lado, o necessário detalhamento de dados para superar as simplificações, se operacionalmente viável, concorre com os princípios anteriormente mencionados de transparência e de reprodutibilidade dos resultados. Indicação convergente ao apresentado em [14] também pode ser encontrada em [3].

O dilema entre aprofundar o detalhamento do modelo ou manter a especificação atual em prol da manutenção de simplificações pode ser superado pelo encadeamento extraído de [3], [8] e [15]. Essas investigações revisitaram a fundamentação e a origem das curvas de custos de triagem aplicadas na tarifação de energia elétrica. Como pode ser visto, têm origem utilitária nas curvas de permanência das fontes de oferta de energia elétrica. A essência da seletividade ou triagem é baseada na escala mínima de produção para diluir custos fixos. Neste mesmo espaço, foi contextualizada a construção das modalidades tarifárias no Brasil. Vale destacar que:

- as modalidades tarifárias do sistema de distribuição brasileiro foram inicialmente construídas, na década de 80, a partir de um contexto verticalizado, no qual os custos de capital e operação da geração e da transmissão eram levados em consideração no cálculo da tarifa final da distribuição;

---

[15] Condição em que um monopólio natural sofre efeitos equivalentes de concorrência, porém oriundos de outra atividade ou tecnologia. Por exemplo, substituição de energético, opção de *by-pass* para acesso físico etc.

- as modalidades tarifárias teriam por objetivo refletir da melhor maneira os custos causados pelos consumidores ao sistema, de tal forma que a determinação dos preços fixos e variáveis de uma reta tarifária dependa da solução de um problema de regressão linear, considerando que sejam mensuráveis os custos de cada consumidor-tipo;
- os usuários tinham comportamento de uso da energia (visualizado pelas redes por suas respectivas curvas de carga) sem influência de sinais econômicos efetivos.

No entanto, limitações operacionais para atingir estes objetivos foram apresentadas anteriormente em [14]. Ademais, o processo de alteração institucional ocorrido nos últimos anos, mais recentemente da desverticalização das atividades do setor elétrico, potencializou a alienação daqueles pressupostos.[16]

Experimentos em [15] mostram que a distância entre o custo de capacidade e o custo marginal do nível de tensão, que independe da utilização, é função do modelo de cálculo das responsabilidades de potência que tem limitações expostas em [14]. Dessa forma, não é possível afirmar que a relação entre maior utilização (horas de utilização) e maior custo total é função do perfil de carga de cada consumidor-tipo. Os experimentos realizados, até o momento, não apontaram coeficientes de determinação superiores a 0,35, nem para significâncias estatísticas aceitáveis para as variáveis do modelo (variáveis π).

Deve-se observar também que o método em vigor para estabelecimento do custo de capacidade não é meramente determinístico. É, da mesma maneira que a métrica de custo marginal, uma aproximação e, consequentemente, internaliza imprecisões em seu estabelecimento.

Os custos de capacidade são obtidos a partir das combinações entre custos marginais das redes e as responsabilidades associadas aos usuários, traduzidos no método em vigor, por suas curvas típicas de carga. O processo de representatividade dos usuários, especialmente de baixa tensão, é efetivado por processo estatístico de seleção de amostras aleatórias. A chamada "campanha de medidas" é a operação de coleta de curva de cargas dos que, estatisticamente, representam o universo de usuários.

---

[16] Sendo o segmento da distribuição caracterizado pela atividade econômica de transporte da energia, estudos realizados em [14] demonstraram que os custos operacionais estão mais relacionados à capacidade instalada do sistema do que propriamente à energia consumida. Em [10] foram realizados experimentos que mostram a melhoria da correlação de custos de capacidade com a energia consumida exatamente quando o critério de identificação do máximo carregamento, é relaxado, ou seja, quando ele deixa de representar os custos de investimento na ampliação da capacidade expondo, assim, nítida contradição aos referenciais teóricos.

Todavia, nos aspectos de "campo" sempre há riscos operacionais para obter a correta curva de carga da amostra selecionada. Desvios temporais no cadastro comercial e no acervo patrimonial das distribuidoras e o próprio espaço de tempo entre o processo de seleção de amostra e o processo de coleta de curva de carga podem ocasionar a "caducidade" da amostra. Por exemplo, o transformador de distribuição de 75 kVA pode ter sido substituído por um de 150 kVA, que pode pertencer a outro estrato do plano amostral. Um consumidor residencial que, no intermédio, passou para a atividade comercial e, consequentemente, para outro estrato etc. Para este tipo de intercorrência estão previstas as amostras "reservas". Algumas distribuidoras chegam a gerar até quatro amostras reservas para cada observação.

Retornando aos aspectos teóricos, sabe-se que a "inferência estatística" trata do processo de obter informações sobre uma população com base em resultados observados em amostras aleatórias. Sabe-se também que na distribuição amostral o parâmetro populacional é constante e seu valor não se altera de amostra para amostra. **Contudo, o valor de uma amostra é dependente do resultado da sua seleção aleatória.**

Desta forma, a estatística permite, a partir de amostras, inferir o comportamento médio de uma população, **mas não podemos generalizar conclusões a partir dos resultados individuais das amostras.**

Este aspecto é fundamental na interpretação que se dá aos custos marginais de capacidade para produção de modalidades tarifárias. Como mencionado, os custos marginais de capacidade são oriundos das amostras que passaram, ainda, por um processo de aglutinação (na etapa de formação de tipologia) de similaridade dos perfis de suas respectivas curvas de carga. Com base nesses custos e no fator de carga dessas amostras aglutinadas tenta-se obter relações empíricas para a criação de modalidades tarifárias utilizando o método de minimização dos erros quadráticos. Este processo está ilustrado na Figura 4.6. Os custos de capacidade das amostras aglutinadas estão representados pelos "x" azuis. As linhas contínuas verde e azul são os resultados do ajuste de retas. Eis as modalidades tarifárias.

Certamente, a composição das curvas de carga das amostras com seus respectivos mercados representados poderá "explicar" a curva de carga das redes da distribuidora.

Todavia, o que acontece se a distribuidora coletou, ao extremo, as amostras reservas? Provavelmente a curva de carga das redes das distribuidoras será também reconstituída dentro da margem de erro aceitável. Mas não teremos os mesmos custos de capacidade, pois as curvas de carga das amostras reservas deverão ser similares às das titulares, mas dificilmente serão iguais. Logo, a Figura 4.6 pode ser complementada com essas novas informações. Os "x" amarelos expõem os custos de capacidade das amostras reservas. Ao aplicar o mesmo algoritmo de minimização de erros quadrados poderão ser encontradas novas linhas (linhas tracejadas) e novas calibragens para as modalidades tarifárias (Figura 4.7)

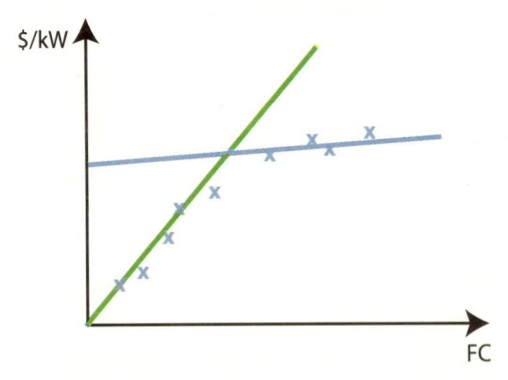

Figura 4.6. Criação das modalidades tarifárias.

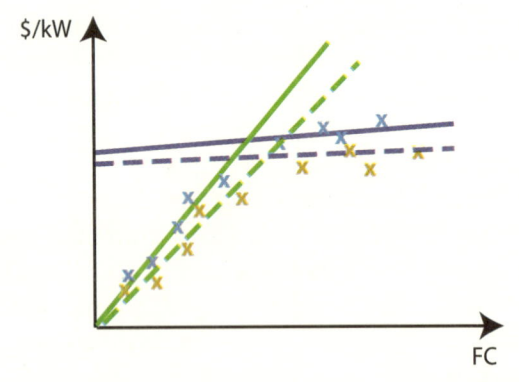

Figura 4.7. Ajuste das modalidades tarifárias conforme amostras.

Ou seja, existe um possível "feixe" de soluções igualmente viáveis e válidas, mas com resultados distintos.

Neste contexto, é pertinente relembrar as reflexões da ANEEL à época da submissão da 2ª Consulta Pública referente ao tema de aprimoramento (CP 11/2010):

O cálculo dos custos marginais de expansão, base do cálculo tarifário, é efetuado para cada consumidor tipo. Observa-se que, dependendo das características da carga – medidas pelo fator de carga –, os custos podem variar significativamente, no sentido de aumentá-los para os consumidores que utilizam a rede intensamente na ponta, apresentando alto fator de carga. A Figura 13 apresenta **essa relação fictícia** *entre o fator de carga e o custo de uso da rede*[17]*. (Destacamos.)*

Ressaltamos a menção da **"relação fictícia"** contida na referida NT, pois nos experimentos realizados no âmbito do projeto de P&D ainda não podemos atestar a generalização da expectativa, principalmente no contexto de exclusividade dos custos de rede. Selecionamos dois casos reais de distribuidoras, para ilustrar a análise, desenvolvidos no subprojeto Elasticidade e Gestão da Carga [10].

Como pode ser visto na Figura 4.8, mediante as hipóteses e práticas adotadas na metodologia vigente[18], não se pode verificar relação estatisticamente representativa entre custos e fator de carga.

No entanto, se o referencial para definir as horas de ponta é relaxado (por exemplo, de 90% para 20%), os custos "tendem" a ser explicados pelo fator de carga (Figura 4.9).

Isto posto, exercícios de calibragem foram realizados de modo a verificar qual condição de referencial de carregamento das redes seria adequada para relacionar custos de capacidade e fator de carga. Como pode ser visto na Figura 4.10, o referencial de 0,7 e 0,5 da demanda máxima é adequado para cada uma das distribuidoras em análise. **Esse fato sinaliza que o critério pode ser subjetivo e não generalizável**. É preocupante também observar que a escolha do referencial mais adequado para atender estatisticamente a relação custo de capacidade de fator de carga pode alterar a estrutura vertical e, consequentemente, alocar mais ou menos custos para níveis de tensão distintos e, consequentemente, entre usuários.

Dessa forma, merecem atenção os efeitos da arbitrariedade e dos riscos envolvidos, pois, conforme a seleção deste referencial, haverá reflexos não só na constituição de modalidades como também na transferência de custos entre os níveis de tensão, suscitando uma espécie de seleção adversa.

---

[17] Nota Técnica nº 219/2010 – SRE-SRD/ANEEL, de 14/07/2010, § 117, Fl. 38.

[18] Normalmente, consideram-se horas de pontas aquelas em que a magnitude de cada ponto da curva de carga é igual ou superior a **90%** do valor da demanda máxima verificada.

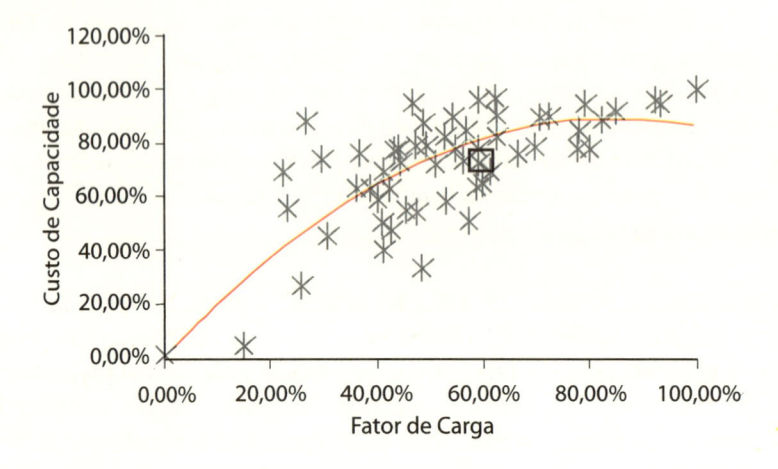

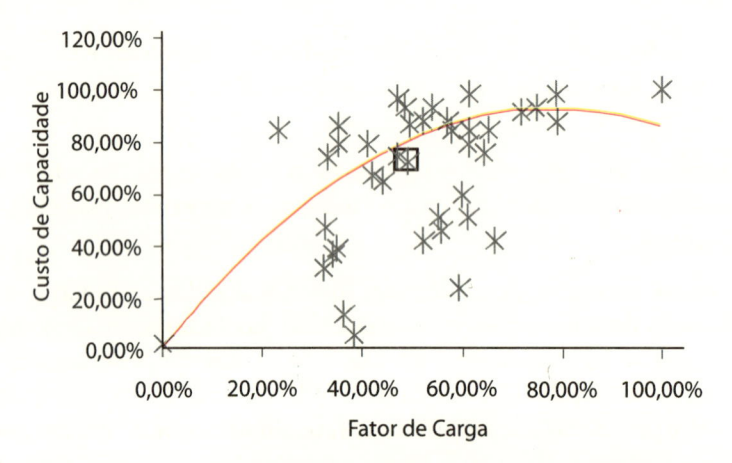

Figura 4.8. Custos de capacidade de distribuidoras distintas considerando horas de ponta como aquelas com demanda maior ou igual a **90%** da demanda máxima verificada.

Na presente Audiência Pública (nº 120/2010) a ANEEL retorna os problemas anteriormente identificados e propõe a flexibilização do Fator de Carga entre Tarifa Horossazonal Azul e Verde como forma de atenuar os efeitos.

Nesse sentido, para esta Audiência Pública, a proposta consiste em manter o ponto de cruzamento das retas tarifárias azul e verde em 66%. Porém esse parâmetro poderá ser flexibilizado, de forma que as empresas poderão propor o FC* ideal para seu sistema2 no momento de realização da revisão tarifária.

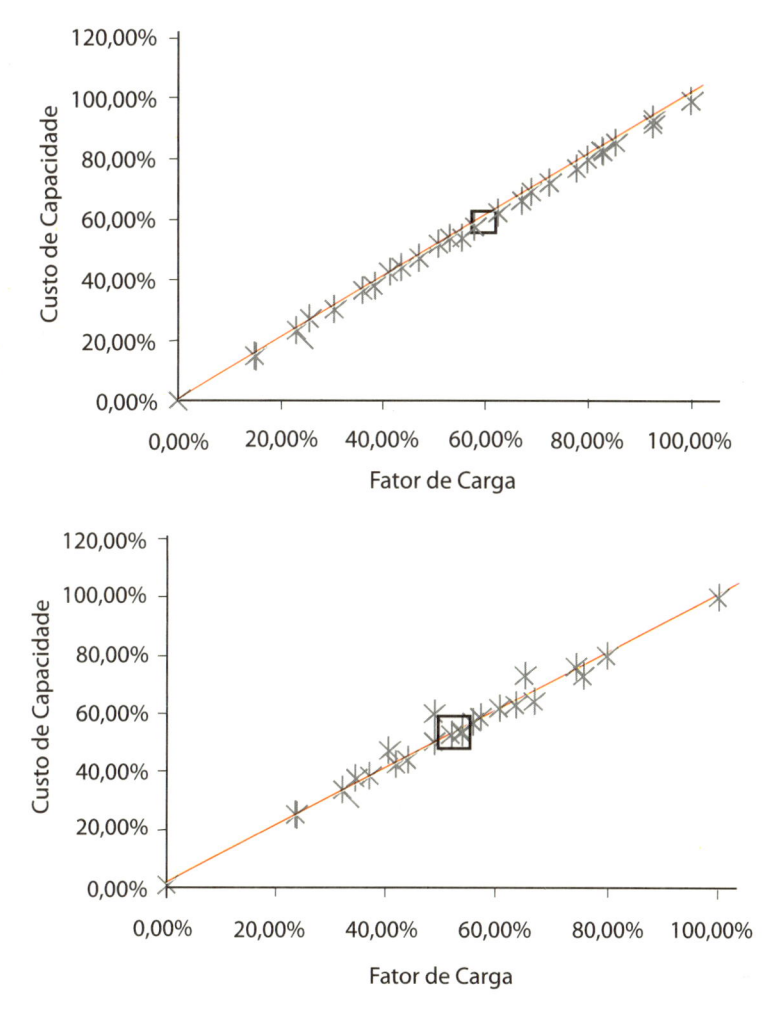

Figura 4.9. Custos de capacidade de distribuidoras distintas considerando horas de ponta como aquelas com demanda maior ou igual a **20%** da demanda máxima verificada.

A flexibilização é necessária, pois a relação entre os CMC calculados dos consumidores, **muitas das vezes, não possui boa significância estatística com os respectivos fatores de carga.** *Dessa forma, a definição do ponto de cruzamento das retas tarifárias não deve ser simplesmente o resultado de um processo puramente matemático,* **mas depende, em última análise, da compreensão e análise crítica de aspectos peculiares da área de concessão e do comportamento da carga**[19]. (Destacamos.)

---

[19] Nota Técnica nº 361/2010 – SRE-SRD/ANEEL, de 6/12/2010, §§ 37 e 38, Fl. 11.

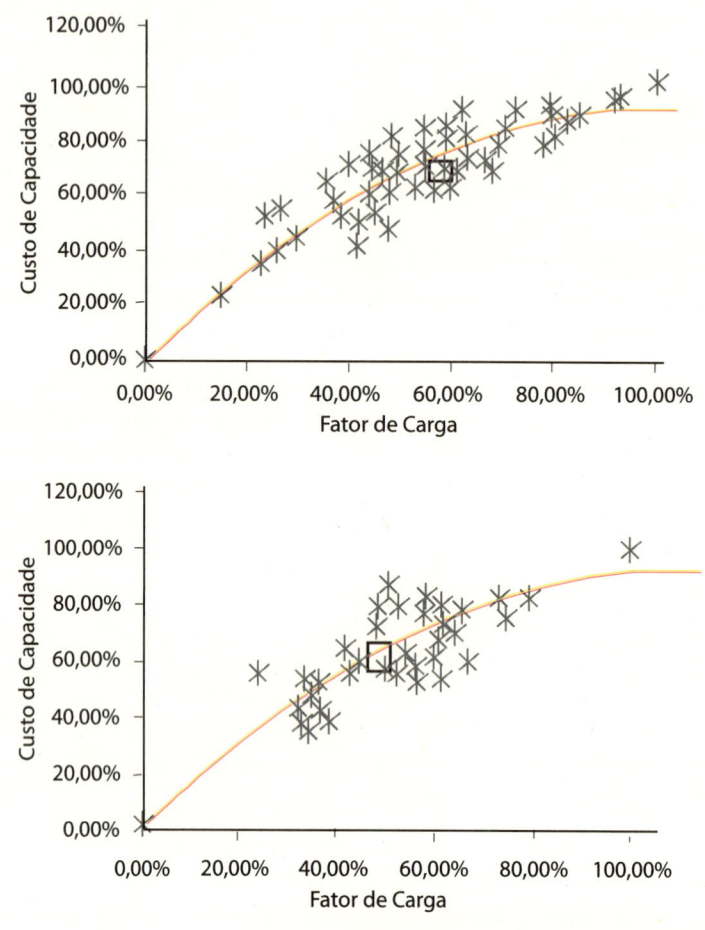

Figura 4.10. Custos de capacidade de distribuidoras distintas considerando como horas de ponta aquelas com demanda maior ou igual a **70%** e **50%** da demanda máxima verificada, respectivamente.

Quando a agência propõe internalizar aspectos peculiares do comportamento da carga, é oportuno e necessário considerar os sinais de demanda e de contestação de mercado. Aliás, algumas externalidades negativas ocasionadas, em última instância, ao não se observarem os sinais de mercado na formação de tarifas foram exemplificadas pela própria ANEEL[20] quando verificou efeitos da alteração dos sinais da RPFP ao longo dos últimos anos.

1. Oferta de energia interruptível.

---

[20] Nota Técnica nº 361/2010 – SRE-SRD/ANEEL, de 6/12/2010, § 72, Fl. 19.

2. Migração de unidades consumidoras conectadas em alta-tensão para a rede básica.
3. Uso de geradores diesel no horário de ponta.

É bom lembrar que até a chegada da etapa de desenho tarifário ou modalidades tarifárias, todos os sinais e parâmetros considerados foram os do **ofertante**. Neste caso, das distribuidoras (nível tarifário das metodologias de revisão tarifária, custos médios por nível de tensão, diagrama unifilar simplificado, curvas de carga de redes e usuários, estrutura vertical e estrutura horizontal de referência).

Neste sentido, a modalidade tarifária deve ser entendida como a etapa de interação com os sinais da demanda. Da mesma forma que na constituição do mercado competitivo (modelo microeconômico que maximiza a eficiência alocativa de uma economia), o estabelecimento do preço de mercado deixa de depender somente do custo de produção e sofre influência da disposição a pagar dos compradores. O processo de formação das modalidades tarifárias não deve ficar dependente apenas dos coeficientes dos custos marginais de capacidade.[21]

Entendemos que essa abordagem está em linha com interesses e expectativas da área técnica da ANEEL, haja vista o diagnóstico de que:

a estrutura tarifária atual não prima por uma visão pelo lado da demanda, resultando em ineficiências que influenciam toda a cadeia produtiva do sistema elétrico. (Destacamos.)[22]

Por isso, recomendamos a ampliação da abordagem e a coleta dos sinais de mercado para incorporar novos parâmetros para a formação de modalidades tarifárias no âmbito da precificação não linear. A combinação dos custos do ofertante e sinais de mercado tende a potencializar a modicidade tarifária sem concorrer com os objetivos de equilíbrio econômico e rentabilidade da atividade de distribuição.

---

[21] Ressalta-se que os pontos dos custos marginais de capacidade apresentados nos gráficos constituídos em plano cartesiano, como os apresentados nas Figuras 1, 4, 5, 6 e outras contidas na NT nº 361/2010, aparentemente remetem à condição determinística dos resultados. Entretanto, aqueles pontos são oriundos de amostras que, consequentemente, têm intrinsecamente erros e desvios para a representação do universo ao qual representam. Além disso, essas amostras foram aglutinadas ou agrupadas nos processos de tipificação, de modo que a incerteza sobre a precisão de cada ponto no plano cartesiano é ampliada. Logo, as retas de regressão comumente aplicadas para a constituição das modalidades tarifárias na metodologia vigente são, de fato, aproximações e, por isso, a hipótese de reflexão de custos não pode ser considerada exata. Com efeito, existem diversas combinações de modalidades tarifárias, dentro de faixa de precisão, igualmente válidas para aplicação.

[22] Nota Técnica nº 360/2010 – SRE-SRD/ANEEL, de 6/12/2010, § 15, Fl. 6.

Considerando: (1) as limitações funcionais identificadas no modelo de custos de capacidade para formação de modalidades tarifárias e (2) o lastro conceitual para conciliar sinais do ofertante e da demanda para formar preços em ambientes competitivos; o projeto de P&D apresenta propostas de *modalidades tarifárias baseadas na conjugação dos custos das redes (ofertante) e dos custos de alternativas energéticas concorrenciais (demanda)*. A expectativa da aplicação é a de reduzir as externalidades negativas e observar aumento da eficiência econômica promovida pela autosseleção dos consumidores.

A proposta funcional alternativa do projeto de P&D é estabelecer:

1. os limites da modalidade, em um extremo, pela tarifa de potência de ponta (R$/kW) que será estabelecida pela razão entre receita obtida pela estrutura vertical para nível de tensão em análise e as demandas de faturamento do respectivo nível de tensão;[23]

2. o outro extremo poderá ser definido pela conversão integral das tarifas de potência estabelecida em (1) em componente variável (R$/MWh), conforme Fator de Carga sugerido pela ANEEL[24] (0,66) ou o sugerido pela distribuidora;

3. no intermediário, entre os limites definidos por (1) e (2), desde que compatíveis com incentivos[25], demais tarifas binômias poderão ser estabelecidas pelos custos de oportunidade das melhores alternativas disponíveis de substituição.

O caso mais intuitivamente percebido é a atual competição entre fornecimento de energia elétrica pela distribuidora e autogeração diesel. Neste exemplo[26], os custos de investimento na aquisição e na instalação do conjunto motor-gerador diesel podem ser traduzidos em anuidade, por meio do sistema de pagamento constante, considerando a vida útil do equipamento e a taxa de retorno equivalente à estabelecida para o nível tarifário das distribuidoras. A divisão desse valor pela capacidade de fornecimento de energia ativa define o custo fixo da opção de fornecimento (R$/kW.ano).

---

[23] As demandas consideradas no denominador seriam as constituídas pelo somatório das demandas anuais de ponta e as demandas anuais de fora de ponta, essas últimas divididas pela RPFP definida conforme critério exposto no Item 4.2.

[24] Nota Técnica nº 361/2010 – SRE-SRD/ANEEL, de 6/12/2010, § 37, Fl. 11.

[25] Modalidades compatíveis com incentivos são aquelas que oferecem uma região de dominância de custos para a autosseleção dos consumidores.

[26] Mais detalhes podem ser obtidos nos relatórios [3] e [15].

Por sua vez, os custos variáveis do gerador diesel são basicamente definidos pelos preços dos combustíveis e dos lubrificantes.[27] Mediante rendimento de conversão de energia pode ser estabelecido o custo da energia elétrica (R$/kWh).

A ilustração sobre o plano cartesiano para facilitar a comparação com o atual modelo de definição de modalidades tarifárias é apresentada na Figura 4.11.

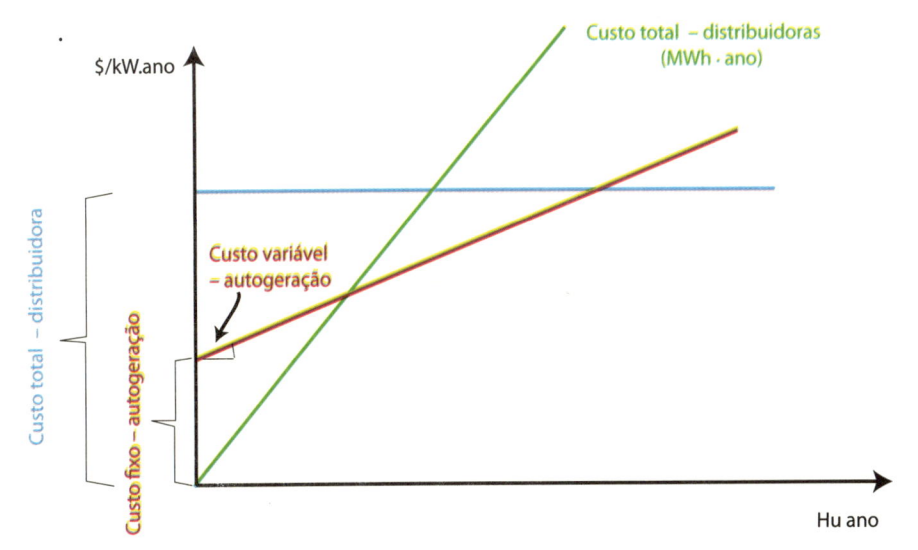

Figura 4.11. Ilustração das modalidades tarifárias conjugando sinais dos custos de distribuição e custos de oportunidades de alternativas competitivas (exemplo gerador diesel).

Com o objetivo de mostrar os benefícios da proposta (para os distribuidores; para os usuários com opção de fornecimento energético; e aos demais consumidores), apresentamos sequência hipotética de fatos e consequências dos impactos qualitativos.

1. Os valores nominais das tarifas – constituídas pelas modalidades tarifárias estimadas pelo critério vigente – são estabelecidos considerando o mercado de faturamento existente. Ou seja, a tarifa de aplicação é a composição de custos no numerador e mercado no denominador.

---

[27] Estudos mais precisos considerando custos de manutenção, seguro e outros poderão ser estabelecidos pelas próprias empresas.

2. As variáveis do plano cartesiano da Figura 4.11 subsidiam a opção adequada, a partir das tarifas e tempo de utilização da energia pelos usuários. A colocação de um terceiro eixo com a grandeza física (kW ou kWh) define um volume equivalente à receita obtida. Para simplificar a exposição, considera-se a área abaixo das curvas tarifárias como uma função de receita, conforme a Figura 4.12.

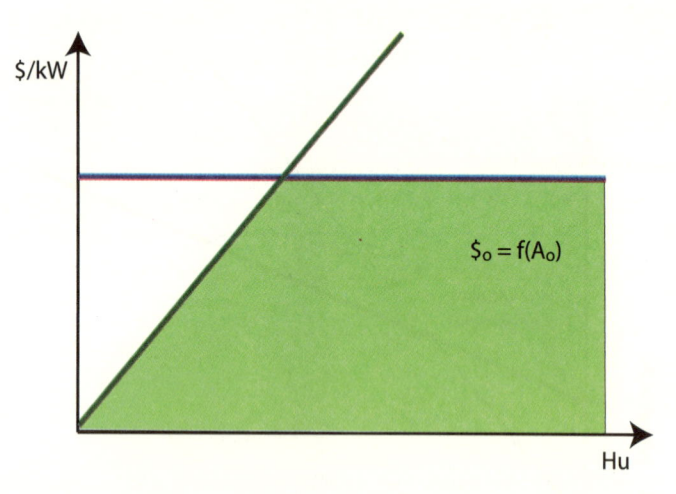

Figura 4.12. O nível das tarifas Azul e Verde foi estabelecido considerando os mercados físicos, de modo que a área A_o representa a receita requerida ou receita de equilíbrio $\$_o$ da distribuidora.

3. Considera-se, agora, a decisão do consumidor em optar pelo fornecimento de energia via conjunto motor-gerador diesel. Conforme visto anteriormente, o equacionamento pode ser traduzido em componentes de tarifação binômias compatíveis às apresentadas na Figura 4.11. Logo, a receita de equilíbrio $\$_o$ não será atingida. O polígono de cor cinza da Figura 4.13 com área $\$_1$ retrata a queda de receita da distribuidora.

4. Recapitulando: O que foi visto até agora?

    4.1. O nível das tarifas foi constituído a partir de uma expectativa de mercado $f(A_o)$.

    4.2. Caso ocorra perda de mercado durante o período revisional, a distribuidora perderá receita proporcional ao efeito da $f(A_1)$.

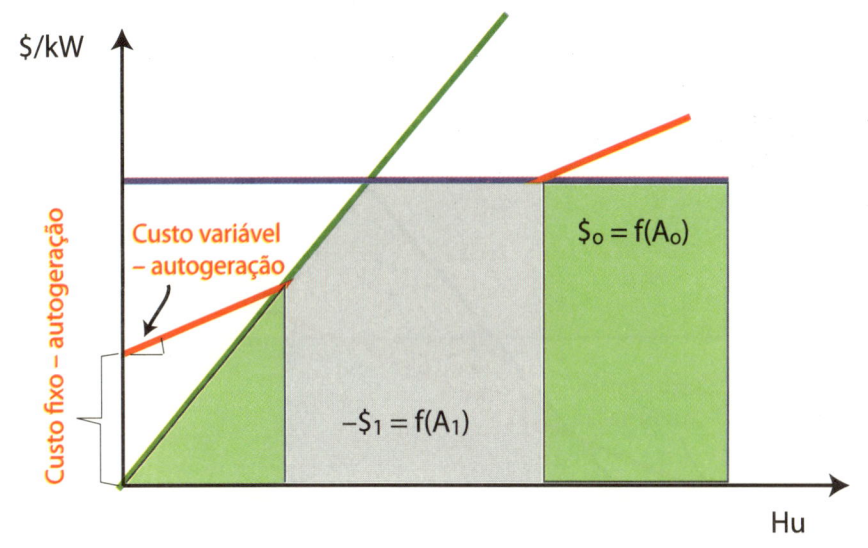

Figura 4.13. Opção economicamente vantajosa para o consumidor (fornecimento diesel) implica em queda de receita $1 para a distribuidora proporcional à área A_1.

4.3. No próximo período revisional, as demais tarifas tendem a aumentar pelo efeito de redução de mercado, ou seja, declínio do denominador (kWh ou kW). Com efeito, os demais consumidores perdem com redução de mercado, pois haverá pressão para aumento tarifário.

4.4. No entanto, a hipótese de postergação de investimento pode ser contada como benefício, mas depende das condições existentes das redes e, consequentemente, de maturação e prazos incertos.

5. Mediante a possibilidade de perda do consumidor, a distribuidora tenderia, conforme sua análise custo/benefício, propor modalidade tarifária em condição de "competição" com a fonte energética alternativa. Conforme visto na etapa anterior (3), a modalidade "vermelha" seria constituída a partir do custo de oportunidade da opção de geração diesel. Caso o consumidor opte pela modalidade tarifária oferecida pela distribuidora, tem-se:

5.1. De fato, há perda de receita para a distribuidora, porém inferior ao caso de não propor nada, pois: $\$_1^* < \$_1$ => Mitigação da perda de receita (Figura 4.14).

5.2. No próximo período revisional, as demais tarifas tendem a aumentar pelo efeito de redução do denominador (kWh ou kW). Porém, em condição menos intensa se não houvesse a modalidade tarifária "Vermelha".

5.3. O usuário que não migrou de energético também se beneficiou.[28]

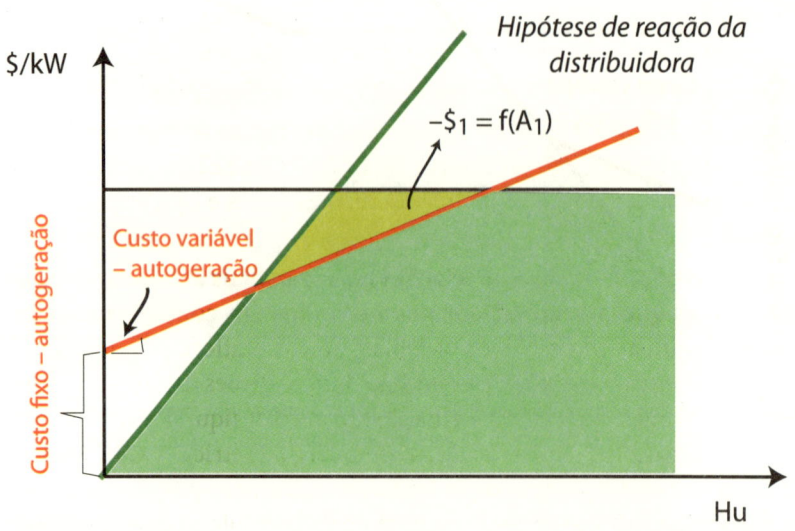

Figura 4.14. Hipótese de reação da distribuidora em oferecer modalidade tarifária "competitiva" com opção alternativa de fornecimento de energia.

Em razão disso, recomenda-se que eventual proposição de modalidades tarifárias orientadas para contestação de mercado seja apresentada pela distribuidora no processo revisional. O mercado realizado ou projetado (dependente do resultado da AP nº 40/2010, metodologia de revisão tarifária das distribuidoras para o 3º ciclo revisional) poderá ser distribuído entre as modalidades conforme a decisão racional do consumidor.

Por outro lado, uma das condições fundamentais para o sucesso da implantação desta inovação no processo de estabelecimento de modalidades tarifárias é a simetria de informações entre ofertantes e usuários. Neste sentido, eventual proposta da distribuidora deverá ser apresentada ao regulador acompanhada de projeto para ampla campanha de esclarecimento, bem como propaganda direta aos seus mercados e usuários elegíveis, contando com o suporte da área de atendimento à clientela.

---

[28] Por exemplo: Não perderá espaço físico em sua instalação para alocar o grupo motor-gerado. Não terá o custo para regularizar eventuais impactos ambientais ocasionados pelo uso de fonte primária fóssil. Evitará mais uma complexidade ao processo produtivo que, em caso de falha, gera custos adicionais e possíveis transtornos de produção. Dependendo da situação, não drenará recursos financeiros que poderão ser aplicados nos processos produtivos finais.

4.4. SINAIS DE ENERGIA NAS TARIFAS DE FORNECIMENTO

Dentre as atividades realizadas no subprojeto "Modalidades e Tecnologias de Precificação" pertinentes ao objeto da AP nº 120/2010 destaca-se a análise dos sinais horossazonais atualmente adotados pela ANEEL nas componentes de energia elétrica (*commodity*) das tarifas de fornecimentos, ou seja, aplicadas aos clientes cativos. A análise completa pode ser vista em [13].

Independente do atual[29] arranjo comercial e institucional do setor elétrico, o cálculo da componente de energia elétrica nas tarifas de fornecimento mantém sinais estabelecidos na Resolução Normativa ANEEL nº 166/2005 que, em verdade, foram herdados das condições institucionais e operativas do final da década de 70.

Para os efeitos da análise, **as relações horossazonais atuais serão confrontadas com as que prevaleceriam nos mercados em concorrência** que, por definição, levam à otimização do sistema e preços praticados iguais aos custos marginais. No caso brasileiro, a emulação das condições de mercado competitivo no curto prazo ocorre pela formação do preço de liquidação das diferenças (PLD) na Câmara de Comercialização de Energia Elétrica (CCEE). Este preço é baseado nos custos marginais de operação calculados por meio de modelos matemáticos que orientam a operação otimizada da oferta de energia elétrica.

Para isso, foram utilizadas a análise estatística e a aplicação de modelos de mínimos quadrados ordinários nos dados passados (séries históricas do PLD da CCEE) e nos dados projetados (obtidos da aplicação do NEWAVE e registrado no Planejamento da Operação Energética de julho de 2009 do ONS).

A síntese dos resultados encontrados é basicamente:[30]

- **Sinal Sazonal**
    ◊ A análise das séries do PLD **histórico** indica que elas apresentam volatilidade elevada e **não possuem sazonalidade estrutural significativa** entre os períodos seco e úmido.

Por outro lado, na **análise prospectiva** com base nas séries de CMO projetadas pelo NEWAVE a sazonalidade é fortemente destacada entre as estações úmida e seca. Os valores encontrados da **razão seco sobre úmido são em média significativamente superiores aos 12% adotados pela ANEEL, mas a relação é decrescente ao longo dos anos** e diferente entre os submercados.

---

[29] Sofreu diversas alterações nos últimos anos. Destacamos as mais relevantes para o tema e investigação: a desverticalização das atividades de geração, transmissão e distribuição e a criação de ambientes de contratação de energia elétrica livre e regulada.

[30] Ainda não foi tratada sinalização de preço de energia elétrica nos sistemas isolados.

- **Sinal Horário**
  ◊ O sinal horário foi estudado através da relação pesado/leve histórica e projetada. Nas séries **históricas** os valores da relação posta **são significativamente inferiores ao atualmente aplicado pela** ANEEL (72%) e variam sensivelmente por submercado.³¹
  ◊ Os resultados da **análise prospectiva apontam também para sinais extremamente tênues** se comparados aos vigentes.

Como síntese das conclusões, fica a indagação se os sinais horossazonais aplicados nas componentes de compra de energia das tarifas de fornecimento devem ser estabelecidos por:

1. modelo prospectivo de planejamento eletroenergético racional, ou seja, com base nos sinais do PEN;

2. aplicação da constatação passada (neste caso, os dados do PLD indicam sinais nulos); ou

3. cotejados por métodos de contestação de mercados como os estabelecidos na proposição dos excedentes dos consumidores tratados no subprojeto "Tarifas 2 Partes" e potencializado no subprojeto "Estrutura Marginalista" na análise das modalidades tarifárias.

Acreditamos que a proposição (3) seja a mais coerente com as linhas de investigação apresentadas e, principalmente, pelas aplicações na alocação de custos entre níveis de tensão e anteriores e estão em linha com a percepção de representantes do segmento dos usuário, conforme pode ser visto na síntese (Apendice II). Ademais, os resultados encontrados nesse subprojeto ratificam o diagnóstico consolidado pela ANEEL consubstanciado na Nota Técnica nº 363/2010 – SRE/ANEEL.

---

³⁰ A relação média foi de: 7% para o Sul, 4% para o Sudeste e 1% para o Norte e Nordeste; enquanto a mediana foi de 0% para o Norte e Nordeste e de 1% para o Sul e Sudeste. Considerando a distribuição de frequências e um nível de confiança superior a 95%, a relação (pesado/leve) não foi superior a: 9% no Sudeste, 23% no Sul, 21% no Norte e 4% no Nordeste. Cabe ressaltar que estes resultados e indicações são coerentes com os apontados no projeto de P&D 001/2006 da LIGHT (Análise para Aperfeiçoamento dos Sinais Tarifários) realizado pela PSR. A abordagem metodológica neste trabalho foi baseada na teoria dos jogos.

CAPÍTULO 5
Considerações Finais

A principal motivação desta forma de organização foi a possibilidade de utilizar os produtos desenvolvidos no âmbito deste projeto estratégico de P&D como subsídios para a proposição do aprimoramento da estrutura tarifária para o 3º ciclo revisional das distribuidoras e, desta forma, garantir a efetividade do ciclo de inovação por meio do aperfeiçoamento da regulamentação da pertinente ANEEL que atinge aproximadamente 70 milhões de usuários em todo o país.

Por outro lado, a execução dos projetos de forma pulverizada entre distribuidoras poderia não atingir esse objetivo. Neste sentido, o Instituto ABRADEE da Energia atuou para articular as atividades de forma coordenada e cooperada.

Nossa autoavaliação aponta que atingimos nossos objetivos, pois foi possível:

- coordenar de forma articulada o desenvolvimento de diversas abordagens metodológicas;

- garantir a pluralidade de ideias e de percepções para os aspectos investigativos das linhas de pesquisas estabelecidas nos subprojetos;

- ampliar a participação dos profissionais das distribuidoras no desenvolvimento dos estudos com o intuito de expandir a análise da exequibilidade para proposições regulatórias;

- priorizar generalização dos estudos, partindo de experimentos específicos;

- orientar o melhor gerenciamento do tempo e da relação entre as linhas de pesquisa, dos produtos gerados até o momento, bem como a integração entre pesquisadores e profissionais participantes no projeto; e

- estabelecer ações para garantir o domínio público da produção do projeto e estimular a efetiva absorção do conteúdo desenvolvido.

Ademais, o Capítulo 4, produzido especialmente para a AP 120/2010, registra a presente contribuição do projeto de P&D, na visão dos seus pesquisadores, para o objeto de aperfeiçoamento da estrutura tarifária de distribuição de energia elétrica.

Em resumo:

- Utilizar as métricas do Custo Médio Total (conforme proposto em [2] e parametrizado com diretrizes apresentadas em ANEEL) como opção alternativa ao cálculo CIMLP e LDQO, haja vista:

    ◊ a opção conceitual de utilizar, indiferentemente, custos marginais ou custos médios em função da verificação experimental dos resultados do 2º ciclo de revisão tarifária que aponta, estatisticamente, para condições regulatórias próximas das condições dos rendimentos constantes de escala;

    ◊ a oportunidade de associar as metodologias de determinação do nível tarifário com o de estrutura tarifária; e

    ◊ a possibilidade de superar as arbitrariedades para a seleção dos parâmetros pertinentes ao cálculo das métricas tradicionais, reduzindo o tempo despendido para sua realização.

- Sinais de Ponta e Fora de Ponta no uso das Redes: Utilizar o referencial teórico proposto em [1] com os dados obtidos em [2] como alternativa às limitações expostas no Item 4.2 referente ao método vigente:

  ◊ Como corolário da proposta anterior, por perda de objeto na aplicação[1], indica-se a utilização de curvas de cargas agregadas por nível e por classe de consumo invés do uso de tipologia. Na atual metodologia, a tipologia tem como principal aplicação a determinação da estrutura horizontal (estabelecimento dos sinais de ponta e fora de ponta). Além disso, a proposta de modalidades tarifárias com sinais da demanda reduz ainda mais a necessidade da tipologia.

- Modalidades Tarifárias: As modalidades tarifárias deverão também ser estabelecidas pela conjugação entre os custos do sistema de distribuição e os custos de oportunidade de alternativa competitiva (contestação de mercado). Desta forma, estão acompanhando a mudança do regime de regulação do custo do serviço para o regime de regulação por incentivos aplicados no setor de distribuição (*Price-Cap*).

  ◊ Adicionalmente, observa-se que os custos dos encargos setoriais, apesar das regras legais para suas mensurações, não são relacionados diretamente ao valor agregado das atividades-fins do serviço público de fornecimento de energia elétrica. Além disso, podem distorcer os sinais relativos entre os energéticos, conforme apresentado em [15], reduzindo a competitividade das tarifas de energia elétrica. Assim, seria pertinente realizar a alocação de custos dos encargos nas tarifas e ser estabelecido como componente de valor fixo proporcional ao excedente dos consumidores, conforme proposto em [3], a fim de reduzir a deformação dos preços relativos.

Tendo como referência inicial a Figura 4.1, podem-se consolidar as contribuições do projeto de P&D nas etapas do processo de estabelecimento da estrutura tarifária. As caixas "amarelas" expõem as principais contribuições (Figura 5.1).

---

[1] Na atual metodologia, a tipologia tem a principal aplicação de determinação dos custos horários e, consequentemente, do estabelecimento dos sinais de ponta e fora de ponta. Nota-se que não se questiona o processo de obtenção da curva de carga estabelecido no Prodist, haja vista as diversas aplicações na regulação, em especial da área técnica. Por outro lado, surge oportunidade de grande simplificação do procedimento operacional para o estabelecimento da estrutura tarifária, sem perda da qualidade da proposta apresentada.

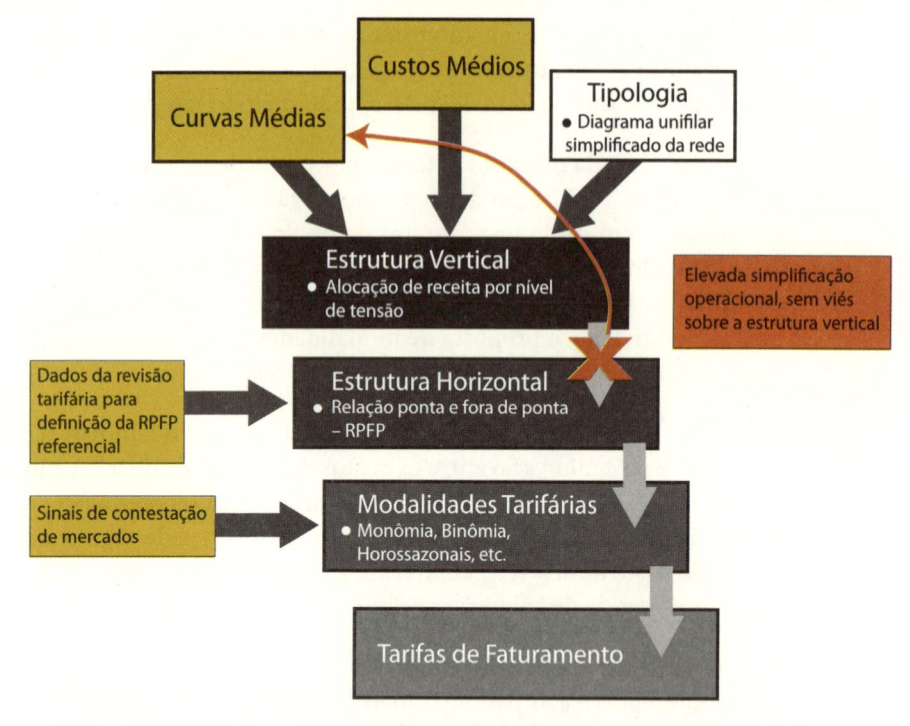

Figura 5.1. Principais contribuições do Projeto de P&D no processo de estabelecimento da estrutura tarifária.

Como visto no decorrer deste estudo, a estrutura tarifária visa estabelecer basicamente:

1º) *estrutura vertical*, ou seja, ratear o valor da receita requerida da revisão da tarifa para cada nível de tensão e, quando couber, por classe de consumo;

2º) *estrutura horizontal*, ou seja, as ditas relações das tarifas de ponta e fora de ponta (RPFP);

3º) *modalidades tarifárias*, ou seja, tarifa horossazonal azul, verde etc.

Para tanto, as principais informações são:

a. receita requerida da revisão;

b. custos marginais por nível de tensão das distribuidoras;

c. diagrama unifilar das redes; e

d. curvas de carga dos consumidores e das redes (transformadores, redes...) parcialmente coletadas mediante amostragem estatística.

CONSIDERAÇÕES FINAIS

Apesar da verificação da ANEEL, registrada na Chamada Pública nº 008/2010, de que a "estrutura tarifária está desatualizada", persiste tese de que a metodologia vigente é suficiente para oferecer sinais adequados e racionais, desde que realizados alguns ajustes. Até o presente momento não se tem conhecimento de outra proposta de ajuste do que a chamada "desmodulação" da curva de carga dos consumidores. A tradução deste tipo de ajuste, seus limites e condições, bem como suas consequências inapropriadas foram detalhados no Item 4.2.

Desta forma, em síntese, verifica-se que a metodologia vigente não tem parâmetros nem rotinas, exceto por ajustes *ad hoc*, para internalizar a dinâmica do mercado, em especial a resposta real dos usuários aos sinais de preços horários presentes. Isto reforça o fato de que não há metodologia de precificação de ponta. Não existe um fato gerador plenamente isolado, mas esse limite da metodologia vigente reverbera sua própria essência vinculada ao regime regulatório de ***custo do serviço*** e, por isso, cunhada e equacionada sob condições estáticas do mercado e restrita à reflexão dos custos das distribuidoras.

No entanto, o atual regime regulatório por incentivo (preço-teto) busca internalizar os benefícios da concorrência no estabelecimento dos níveis eficientes das tarifas. Desta forma, o nível tarifário deixa de refletir somente os custos das distribuidoras, como no passado, para ser contestado por sinais de concorrência e, consequentemente, de mercado. **Assim, uma das consequências da implantação das sugestões das propostas de P&D é, também, atualizar o referencial metodológico da determinação da estrutura tarifária com o do nível tarifário.**

Em suma, além do processo heurístico para o estabelecimento da estrutura e modalidades tarifárias, o processo de investigação deste projeto tangenciou, em alguns momentos, o modelo de análise dialética. A *tese* que vigora é a de que a metodologia é suficiente, mediante a implantação de ajustes. A *antítese* parte da contextualização de que a metodologia vigente está, ainda, sob orientação do regime de regulação do "custo do serviço" e replica somente os custos do ofertante em suas formulações e parâmetros. O conceito de comportamento da carga foi restrito, na metodologia em vigor, apenas à observação de curvas de carga dos usuários. Não se considera ou analisa sinal econômico algum oriundo das racionalidades de tomada de decisão dos usuários e, complementarmente, da exposição da contestação de mercados monopolísticos. Identifica-se falta de fundamentação econômica para o objeto pretendido de se estabelecerem as relações de ponta e fora de ponta (estrutura horizontal) e do casuísmo dos eventuais resultados que possam ser interpretados como essa relação. Ademais, a antítese é concluída pela avaliação da proposta conhecida de ajuste da metodologia vigente que, por sua vez, se revelou incrível. A *síntese*, desta forma, é consolidada pela verificação de que o método vigente replica condições de regime de regulação já extinto e que os referenciais técnicos, econômicos e funcionais oferecidos pela metodologia alternativa deste projeto de P&D deve garantir compatibilidade com o regime de regulação vigente, privilegiar a simplicidade e oferecer resultados racionais.

Por fim, deve-se registrar que as orientações do projeto de P&D, apresentadas neste estudo, em prol da transparência, reprodutibilidade, eficácia são fortalecidas pelas observações das práticas internacionais que mostram ampla diversidade de métodos e critérios, indicando que o processo de estruturação de tarifas deve estar em contínuo aprimoramento, experimento e aprendizado.

CAPÍTULO 6
Referência dos Relatórios Desenvolvidos no Projeto de P&D

[1] F. S. Hage; C. B. Oliveira; M. Machado; L. C. Ferraz. *Fundamentação Econômica*. (Daimon – RF.01.0); [Online]. Disponível: www.abradee.org.br

[2] F. S. Hage; C. B. Oliveira; D. Antonelli; R. Wada. *Custos de Rede* (Daimon – RF.02.0) [Online]. Disponível: www.abradee.org.br

[3] F. Damonte; M. Damonte; D. Halabi; T. García; M. Santis; C. Morosoli. *Cálculo do bem-estar social e excedente dos consumidores das concessionárias de energia elétrica do Brasil e determinação da metodologia de cálculo de Tarifas em Duas Partes: Resultados da aplicação T2P Cme*. (Quantum – RF.12.0); [Online]. Disponível: www.abradee.org.br

[4] _____. *Cálculo do bem-estar social e excedente dos consumidores das concessionárias de energia elétrica do Brasil e determinação da metodologia de cálculo de Tarifas em Duas Partes: Tarifas Duas Partes com Considerações Sociais*. (Quantum – RF.12.0); [Online]. Disponível: www.abradee.org.br

[5] J. W. Marangon; L. M. Marangon; A. R. Queiroz; M. S Morais. "Tarifas de Distribuição de Energia Elétrica: ajustes e aprimoramentos dos procedimentos de cálculo – novembro de 2010". (Fupai - RP.04.1); [Online]. Disponível: www.abradee.org.br

[6] _____. "Tarifas de Distribuição de Energia Elétrica: Ajustes e Aprimoramentos dos Procedimentos de Cálculo – setembro de 2009". (Fupai – RT.01.1); [Online]. Disponível: www.abradee.org.br

[7] S. A. Butto; D. A. Busignani; D. A. Andrade; F. Alvarez *et al.* "Repensar as Tarifas de Energia: Temas Específicos para Detalhamento dos Países Selecionados". (Siglasul - RF.03.1); [Online]. Disponível: www.abradee.org.br

[8] P. S. Santos; R. C. Leme; L. L. Galvão; M.C. Hallack; H. W. Souza. "Proposta de Aprimoramento da Estrutura Tarifária com Gestão da Carga – maio 2010". (TR - RP.04.5); [Online]. Disponível: www.abradee.org.br

[9] _____. "Proposta de Aprimoramento da Estrutura Tarifária com Gestão da Carga – outubro de 2009". (TR - RT.01.0); [Online]. Disponível: www.abradee.org.br

[10] _____. "Proposta de Aprimoramento da Estrutura Tarifária com Gestão da Carga – agosto de 2010". (TR - RP.05.2); [Online]. Disponível: www.abradee.org.br

[11] _____. "Proposta de Aprimoramento da Estrutura Tarifária com Gestão da Carga – novembro de 2010" (TR - RP.06.1); [Online]. Disponível: www.abradee.org.br

[12] M. P. Vinagre; H. F. Silva; R. G. Oliveira; T. S. Santos. "Determinação e Aplicação do Custo Médio Temporal do Ciclo Tarifário (CMTC) na Estrutura Tarifária Brasileira como Alternativa ao Custo Incremental Médio de Longo Prazo". (FCT - RF.05.03); [Online]. Disponível: www.abradee.org.br

[13] S. A. Butto; D. A. Busignani; D. A. Andrade; F. Alvarez *et al.* "Repensar as Tarifas de Energia: Definição de Estruturas Alternativas". (Siglasul – RT.03.0); [Online]. Disponível: www.abradee.org.br

[14] F. S. Hage; C. B. Oliveira; M. Machado. "Custos dos Clientes". (Daimon – RF.04.1); [Online]. Disponível: www.abradee.org.br

[15] F. S. Hage; C. B. Oliveira. "Modalidade Tarifária e Tempo de Uso". (Daimon – RF.05.1); [Online]. Disponível: www.abradee.org.br

[16] S. A. Butto; D. A. Andrade *et al.* "Repensar as Tarifas de Energia: Análise Comparativa das Alternativas". (Siglasul - RE.04.1); [Online]. Disponível: www.abradee.org.br

APÊNDICE I

Reflexões e Indagações sobre a Relação Ponta e Fora de Ponta (RPFP) Oriunda da Metodologia Estabelecida pela Portaria do MME nº 46/1982

Sabe-se que o custo marginal do sistema de distribuição é estabelecido pela relação entre incremento de custos e o aumento de uma unidade de capacidade de utilização das redes. O incremento de capacidade, por sua vez, no modelo tarifário é intuitivamente associado às condições de máxima carga. Funcionalmente, existem as métricas do Custo Incremental Médio de Longo Prazo – CIMLP e da Lei de Desenvolvimento de Quantidade de Obras – LDQO como aproximação aos custos marginais.

Desta forma, os custos são exclusivamente estabelecidos pelas informações oriundas das redes elétricas. A outra principal etapa do processo é vincular, da melhor maneira possível, estes incrementos de custos aos usuários que os ocasionam.

O método vigente busca associar as curvas de carga dos usuários às curvas de carga da rede a partir de um modelo de combinação linear. Este modelo, suas hipóteses e, inclusive, seus limites são detalhadamente apresentados e discutidos em [14]. O objetivo deste apêndice é revelar em quais circunstâncias as RPFP podem aparecer e em quais podem desaparecer e, desta forma, mostrar os limites do método vigente.

Veja-se o exemplo a seguir. Considera-se uma distribuidora com curva de carga típica de rede com máximo carregamento às 18h (curva superior da Figura AI.1). Essa curva é consequência da composição das curvas de carga de três tipos de usuários (curvas na parte inferior da Figura AI.1) hipoteticamente considerados.

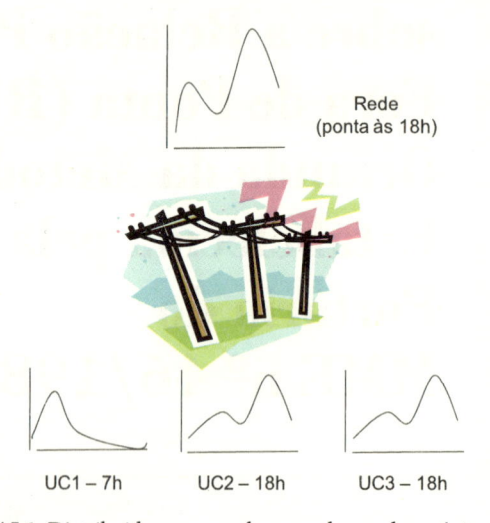

Figura AI.1. Distribuidora com redes com demandas máximas às 18h.

Neste caso, a metodologia vigente somente aloca custos das redes ao horário das 18h, mesmo existindo consumidor (UC1) com maior demanda no horário das 7h. A participação dos consumidores UC2 e UC3 é superior à do UC1. **Não há sinal econômico para o horário de fora de ponta, ou seja, será igual a zero.**

Todavia, podem existir redes em que o horário de maior carregamento seja distinto do horário das demais. Essa condição normalmente é encontrada nas distribuidoras (Figura AI.2).

Normalmente o custo marginal é gerado para toda a distribuidora.[1] Desta forma, há custo marginal médio da empresa. Assim, o custo das redes com maior carregamento às 18h (RD2) é o mesmo das redes com maior demanda às 7h (RD1).

---

[1] Na verdade, o cálculo pode ser realizado por conglomerados ou regiões da distribuidora, conforme sua conveniência ou necessidade. Mas, para os fins tarifários, é apresentado para toda a distribuidora.

Pelo método vigente, o efeito ponderado entre os mercados das redes com horário às 18h e do mercado das redes com horário às 7h é que ocasiona valores distintos para custos das 18h e 7h. É exatamente **essa relação quantitativa que recebe o nome de Relação Ponta e Fora de Ponta**. Entretanto, não há, **de fato, referencial técnico ou econômico para o sinal de fora de ponta**. São todos sinais de ponta, sendo um menor do que o outro pelo fato de participação de mercado em horários distintos.

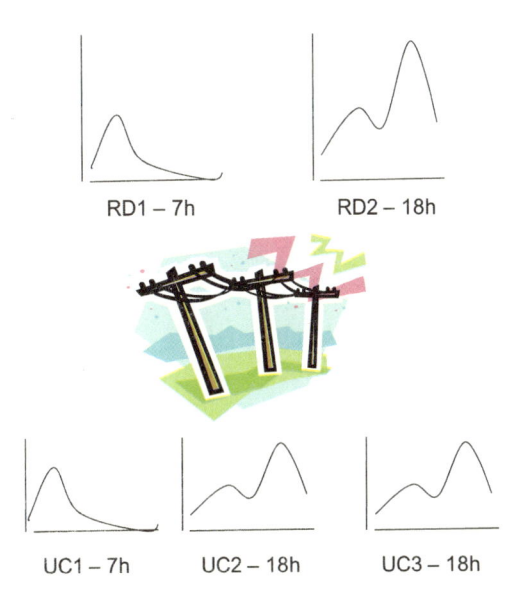

Figura AI.2. Distribuidora com redes com demandas máximas nos horários das 7h e 18h.

Isto posto, vejam-se algumas condições de teste para verificar a consistência da relação estabelecida conforme o método vigente:

- Se os mercados das redes do tipo RD1 e RD2 se igualarem em magnitude, a RPFP será igual a 1.
- Se as RD se caracterizarem por regiões distintas na distribuidora e se, no enfoque de maior precisão, especializarmos os cálculos da estrutura horizontal conforme essas regiões, há tendência do sinal de fora de ponta desaparecer.

Estas duas hipóteses de teste revelam o casuísmo dos sinais de RPFP estabelecido pelo método vigente. Em verdade, a relação mostrada como circunstancial é consequência da dispersão de tipos de curvas de redes existentes na distribuidora. Quanto mais especializado for o cálculo e mais precisa a alocação de custos, o sinal de fora de ponta será arrefecido, ao limite da sua extinção.

A tendência de arrefecimento do sinal de fora de ponta com a especialização das alocações de custos não é razoável, pois a necessidade de sinais econômicos para a utilização racional das redes que têm dimensionamento por capacidade continua existindo. **Desta forma, resta claro que não há, de fato, método em vigor para estabelecimento das RPFP. Há, somente, um método de alocação de custos no horário de maior carregamento das redes.**

APÊNDICE II
Resultados da Aplicação do Modelo de Apoio à Decisão

Neste apêndice são consolidadas e analisadas as contribuições registradas durante as reuniões realizadas com os dois grupos de agentes envolvidos (distribuidores e consumidores).

Conforme a avaliação dos pesquisadores do subprojeto "modalidades e tecnologia de precificação" [16], as contribuições de ambos os grupos apresentaram mais semelhanças do que divergências, com claro direcionamento para a necessidade de aprimoramento da estrutura tarifária vigente. As contribuições dos dois grupos sobre cada um dos grandes temas referentes à estrutura tarifária, além da opção definida para simulação, estão apresentadas na Tabela AII.1.

O primeiro tema abordado refere-se à área de **"aplicação das tarifas"**. Nesse ponto, há concordância sobre a importância da sinalização nodal para a melhor refletividade dos custos, em particular os da transmissão. Mesmo considerando a complexidade do seu cálculo, foi consenso que algum tipo de sinalização nodal, mesmo que simplificado e apenas até a média tensão, seria um importante aprimoramento para a estrutura tarifária atual. Os consumidores indicaram que a melhor alternativa seria o cálculo efetivo do sinal nodal da alta-tensão (138kV) e não apenas o repasse do sinal da subtransmissão. Ainda em relação à área de aplicação, outro ponto de convergência foi o cálculo de tarifas regionalizadas para média e baixa tensões.

Em relação ao escopo da "arquitetura tarifária", o principal tema debatido foi a necessidade de uma maior flexibilização da estrutura atual. Os agentes envolvidos concordam que poderia ser dada ao distribuidor a possibilidade de adaptar a estrutura tarifária de referência às características de sua área de atendimento. A principal forma de incorporar essa flexibilização seria através das opções tarifárias. Nesse caso, ambos os agentes seriam beneficiados conforme exposto no Item 4.3.

Pelo lado dos consumidores, foi apontado grande interesse em tarifas interruptíveis que internalizem a qualidade do serviço prestado. Um tipo de modalidade neste sentido seria, por exemplo, a oferta de uma tarifa com desconto em relação à opção normal que, em contrapartida, dispensa o pagamento pelas distribuidoras de compensações por eventuais transgressões dos limites de DIC e FIC aos consumidores que escolhessem essa modalidade.

No que tange aos **"critérios de repasse dos custos de distribuição"**, houve consenso sobre a separação dos custos de rede, de administração e de atividades comerciais. Para o repasse dos custos da *commodity* energia foi indicado que a modalidade pudesse incluir sinais diferentes aos atualmente existentes na contratação da energia pela distribuidora. Deste modo, poderia ser internalizada na composição da tarifa uma taxa adicional para remunerar o risco da comercialização assumido pela distribuidora.

Tabela AII.1. Síntese comparada da aplicação do modelo de apoio à decisão nos grupos distintos de distribuidores e consumidores (extraída de [16])

	Proposta de Simulação	Contribuições/ Comentários das Distribuidoras	Contribuições/ Comentários dos Usuários (Associações)
Área de aplicação	- Tarifas por distribuidora, calculadas de forma regional e com sinalização nodal na alta-tensão. - Regiões definidas com base nos perfis de carga	- O sinal nodal da transmissão deveria ser repassado também para os níveis de MT e BT, porém esse critério geraria uma maior complexidade ao processo,	- Uma contribuição conceitual apontada pelas associações foi a de que as tarifas deveriam ser construídas considerando também o lado da demanda, e

(Continua)

Tabela AII.1 *(Continuação)*

	Proposta de Simulação	**Contribuições/ Comentários das Distribuidoras**	**Contribuições/ Comentários dos Usuários (Associações)**
Área de aplicação	das subestações AT/MT e dos pontos de suprimento. - Sinal nodal apenas para os níveis A2 e A3.	o que não é desejável. Nesse caso, a opção mais viável seria a aplicação dos resultados do subprojeto "Sinais Locacionais" em que o sinal nodal da subtransmissão é repassado até a média tensão. - São favoráveis ao cálculo de tarifas por região, que devem ser definidas apenas a partir das diferenças de perfis de carga dos subsistemas.	não apenas os custos do serviço. - Deveria ser calculado o sinal nodal para a AT (138kV). Uma opção, para simplificar a aplicação e não gerar um grande número de tarifas distintas em uma mesma área de concessão, é a definição de regiões geográficas onde os sinais nodais semelhantes seriam agrupados. - São favoráveis ao cálculo de tarifas de MT e BT por região.
Arquitetura tarifária	-Estrutura de referência definida para todo o país. - Junção dos grupos A3a e A4. - Adoção de subgrupos para separar os sistemas aéreos dos subterrâneos. - Classes de consumo apenas na BT, porém eliminando a classe rural e incorporando a classe irrigante. - Inclusão de uma classe de consumo específica para os clientes de BT com medição discriminada por banda horária. - Criação de categorias específicas para atender as demandas de clientes	- A arquitetura de referência deve ser baseada nos subgrupos atuais, porém flexível, possibilitando a inclusão de opções tarifárias. - A junção dos grupos A3a e A4 depende de estudos adicionais para verificar a semelhança dos custos de cada nível de tensão de atendimento. - As tarifas devem ser diferenciadas para sistemas subterrâneos, uma vez que seus custos e níveis de qualidade são muito distintos. - As classes de consumo devem existir apenas	- Concordam com a definição de uma arquitetura básica de referência para facilitar o entendimento da estrutura tarifária. Porém, deve ser dada às concessionárias a possibilidade de adaptar essa definição básica às características do seu sistema elétrico e mercado. - No caso de se diferenciarem as tarifas de sistemas subterrâneos e aéreos, devem ser considerados os mesmos critérios para consumidores livres e cativos. - O agrupamento de consumidores da baixa

(Continua)

Tabela AII.1 *(Continuação)*

	Proposta de Simulação	Contribuições/ Comentários das Distribuidoras	Contribuições/ Comentários dos Usuários (Associações)
Arquitetura tarifária	de Geração Distribuída, Veículos Elétricos e Pré-pagamento.	para agrupar consumidores que ainda não possuem medição em banda horária. - Os consumidores da classe de consumo rural baixa tensão atual poderiam ser distribuídos nas classes "irrigante" e "residencial", obedecendo ao seu perfil de uso do sistema. - As opções tarifárias seriam um importante aprimoramento, com destaque para a necessidade de dinamismo na atualização dessas opções para que elas tenham o efeito desejado. - A tarifa pré-paga deve ser incorporada na estrutura tarifária considerando os diferentes custos de atendimento de cada região e como uma opção tarifária.	tensão em classes de consumo ainda é importante onde não existe medição por banda horária, para capturar a diferença de perfis de consumo, e para incorporar as distintas disponibilidades de pagamento. - Adicionalmente, poderiam ser definidas classes de consumo considerando também as diferentes elasticidades dos clientes. Porém concordam com as restrições existentes para o cálculo da elasticidade e para a manutenção de uma base de dados atualizada por atividade. - A disponibilização de opções tarifárias é interessante, em particular pela possibilidade de se internalizar o nível de qualidade do serviço. - Para uma maior clareza da estrutura tarifária, qualquer subsídio utilizado deveria ser informado na fatura de energia.
Repasse dos custos de distribuição	- Separação da receita regulada de distribuição em custos de rede, comerciais e administrativos.	- Concordam com a distinção dos custos das atividades de distribuição, porém essa separação dependerá da disponibilidade de	- A separação dos custos em rede, administrativos e comerciais é fundamental para a melhor refletividade desses custos nas tarifas.

(Continua)

Tabela AII.1 *(Continuação)*

	Proposta de Simulação	Contribuições/ Comentários das Distribuidoras	Contribuições/ Comentários dos Usuários (Associações)
Repasse dos custos de distribuição	- Diferença entre os custos médios e marginais da rede alocados em um componente fixo e distribuídos entre as categorias de forma proporcional à receita. - Custos comerciais alocados considerando o número de clientes em cada categoria tarifária na forma de um componente fixo.	abertura dos custos regulatórios definidos no processo de revisão tarifária. - A alocação dos custos comerciais em um componente fixo é correta, uma vez que essa atividade é muito vinculada à quantidade de consumidores atendidos.	- Para a alocação dos custos comerciais em um componente fixo deve ser avaliada a percepção da sociedade sobre esse tipo de cobrança, que independe do montante de energia ou demanda consumida.
Repasse dos custos de energia e formação da tarifa para o consumidor cativo	- Custos de energia repassados com o mesmo sinal do momento da contratação. - Tarifa linear, sem sinalização horária ou sazonal.	- Tarifas lineares são aderentes às características do mercado brasileiro, observadas no estudo das séries históricas do PLD e projetadas do CMO. - No caso de se optar por incluir sinais diferentes dos observados na contratação da energia pela distribuidora deveria ser incluída na tarifa uma taxa para remunerar o risco da comercialização.	- O oferecimento de tarifas opcionais em momentos de sobrecontratação, do tipo energia Plus, é interessante, pois tanto concessionárias quanto consumidores são beneficiados.

APÊNDICE III

Síntese do Desenvolvimento dos Subprojetos

AIII.1. SINAIS LOCACIONAIS

O subprojeto Sinais Locacionais conclui sua primeira etapa com a apresentação do relatório contendo a descrição da metodologia de tarifas de distribuição, a identificação dos principais *gaps* tarifários, bem como a organização dos parâmetros a serem levantados nas distribuidoras participantes [6].

A principal conclusão daquela etapa referiu-se às qualificações de hiatos das tarifas entre os níveis de tensão provocando o *gap* tarifário. De fato, os níveis das tarifas têm, conceitualmente, relação inversa aos seus níveis de tensão, mas as diferenças relativas não deveriam viabilizar, ou melhor, estimular a migração de consumidores para os níveis mais altos com cargas relativamente pequenas. Isto torna o sistema menos eficiente, ocasionando custo adicional para todos os consumidores.

As redes de distribuição, em função das suas características, podem ser agrupadas em duas partes distintas: as redes de 138 a 69 kV e aquelas com tensão igual ou inferior a 34,5 kV. A primeira não apresenta, em geral, características radiais. Situação em que originalmente a tarifa média por nível de tensão tem melhor consistência. Portanto, a tarifação por nível de tensão para todos os agentes (consumo e geração) nestas redes atenua o sinal econômico específico.

Além disso, observa-se que, historicamente, as unidades consumidoras sempre tiveram papel determinante no processo de tarifação. De fato, os critérios para cálculo das tarifas foram gradativamente adaptados conforme o tipo de agente (carga, distribuidora suprida e geradora) que, de certa forma, não garantiram uniformidade e consistência metodológica. Em síntese, são apresentadas considerações resumidas dos desafios metodológicos por tipo de usuário de rede:

AIII.1.1. Tarifação para Cargas

A metodologia conceitualmente estabelecida na Portaria do Ministério de Minas e Energia nº 46/82, ainda vigente, pode ser aplicada às redes com características radiais, mas não às redes de 138 a 69 kV, que têm predominantemente características tipológicas de malha. Além disso, a proximidade com a rede básica reforça a distorção existente entre as duas concepções de cálculo da Tarifa de Uso do Sistema de Transmissão – TUST e da Tarifa de Uso do Sistema de Distribuição – TUSD, fazendo com que os consumidores dos subgrupos A2 e A3 avaliem, economicamente, migrar para a rede básica. É importante lembrar que a tarifa não só depende da estrutura, mas também da forma como o nível tarifário é definido. Diferenças conceituais na definição do nível tarifário entre a transmissão e a distribuição serão refletidas no valor final da tarifa, não podendo a estrutura tarifária ser a solução final para as distorções existentes. Um exemplo é a alocação de perdas não técnicas apenas nas redes de distribuição. Se o problema é, como identificado, em grande parte de cunho da sociedade, deveria ser revisitada a atual forma de alocação. Ou seja, a perda não técnica não é da empresa concessionária, mas da área de concessão. Esta sutil diferença conceitual pode significar, tarifariamente, importante diferença de valores.

AIII.1.2. Tarifação entre Distribuidoras

A ideia básica – inspirada no estudo já apresentado pela ABRADEE à ANEEL como contribuição ao objeto da Audiência Pública nº 13/2006 – é desenhar uma TUSD específica a ser aplicada nas relações entre distribuidoras que reflita o efetivo uso dos ativos diretamente envolvidos no atendimento às distribuidoras supridas. Este pressuposto está aderente aos princípios que regem a tarifação de uso do sistema de transmissão que, por sua vez, avalia o uso por elemento elétrico da rede. Em complemento, essa alocação é contestada pela viabilidade técnica e econômica da distribuidora suprida acessar diretamente a Rede Básica, construindo a sua própria conexão. Caso a contestação seja viável será aplicado ajuste, na forma de desconto, sobre a tarifa calculada pelo compartilhamento de modo que a decisão de migração seja indiferente. Desta forma, tanto os custos de ociosidade nas redes já existentes como os custos adicionais das instalações de conexão para a migração, decorrentes da indivisibilidade dos investimentos, serão, ambos, evitados. Com efeito, o custo global para os consumidores da suprida e supridora será o menor possível.[1]

AIII.1.3. Tarifação para Geradores

A recente metodologia para cálculo da TUSDg representa uma extensão da metodologia nodal às redes de 138–88 kV, alterando a convenção anterior (critério arbitrário da menor tarifa das cargas). Todavia, apesar da melhoria homologada, é possível no próximo estágio abarcar as redes de 69 kV, pois apresentam as mesmas características das redes de 138 kV e 88 kV e o uso do fluxo DC não altera, para os objetivos tarifários, o cálculo das perdas. É verdade que em níveis de tensão mais baixos as perdas aumentam e a não-linearidade é mais marcante, mas a diferença de 69 kV com 88 kV é pequena e não deve ser colocada como fronteira entre a tarifa nodal e a tarifa por nível de tensão.

A forma como a Metodologia Nodal foi estendida para as redes de 138–88 kV atenua, mas não resolve, o movimento migratório das redes de distribuição para a rede básica. A diferença tarifária, em determinados casos, ainda justifica os investimentos em transformação para níveis mais altos de tensão. O principal ponto de aprimoramento está na definição da rede unificada que, ao incorporar o selo, cria ambientes diferentes que destoam da rede básica e, consequentemente, não resolve o problema dos desníveis (*gaps*) tarifários.

A segunda fase do subprojeto foi constituída pela formulação e pela coleta de dados iniciais para distribuidoras-piloto, a seguir:

- Custos das redes de 138 kV a 69 kV, a partir dos dados das revisões tarifárias das empresas que serviram de piloto do nosso projeto. Nestes custos deverão estar incluídos os custos operacionais associados aos referenciais de eficiência regulatória (até o segundo ciclo revisional, era estabelecida a partir da Empresa de Referência), a depreciação e a remuneração do ativo. Notar que no caso da Empresa de Referência existe a necessidade de alocar os custos administrativos e os custos comerciais, além dos custos de O&M propriamente ditos.

---

[1] Mais detalhes, ver: DELGADO, M.A.P. "Tarifas do uso de sistema de distribuição entre concessionárias: metodologia baseada no compartilhamento de ativos e na contestação de mercado", in XX SNPTEE, 2009.

- Configuração das redes de 138 a 69 kV das empresas-piloto com os dados padrões de *loadflow* (ANAREDE). A maioria destes dados já está disponível para as redes de 138 a 88 kV em função do cálculo da Tarifa de Uso do Sistema de Distribuição por Geradores – TUSDg.
- Capacidade dos circuitos de 138 a 69 kV bem como as respectivas extensões físicas (km). Os dados da rede de 138 e 88kV também já estão disponíveis (em função da TUSDg), mas o mesmo não ocorre para as redes de 69 kV.
- Medição dos fluxos horários nas subestações com tensões primárias de 138 a 69 kV para avaliar o fator de capacidade e introduzir o fator temporal na nova análise espacial das redes de 138 a 69 kV. Estas medições poderão ser com base horária para um horizonte de um ano.
- Perfil dos consumidores e geradores conectados diretamente nas redes de 138 a 69 kV com medições de potência ativa horária para o período de um ano.
- Fluxo de potência ativa com medição horária das conexões das redes de 138 a 69 kV com a rede básica.

Posteriormente, foram reavaliados os conceitos e parâmetros para determinar a abrangência das "redes unificadas" utilizadas no cálculo da TUSDg. Os experimentos foram iniciados na modelagem das redes de algumas distribuidoras e estão disponíveis em [5]. O pressuposto é avaliar o grau de acoplamento dos parâmetros elétricos das redes (especificamente os valores de reatância) para propor magnitudes para definir os limites das redes unificadas. Estas redes unificadas irão compor as regiões ou zonas onde as tarifas locacionais têm reduzida distinção, exceto quanto ao nível de tensão e quanto ao momento de utilização da rede.

A quarta etapa do subprojeto foi consolidada com a disponibilização do *soft* protótipo para a realização das simulações mais gerais da aplicação metodológica, especificamente às RU. Estas redes unificadas irão compor as regiões ou zonas onde as tarifas locacionais têm reduzida distinção, exceto quanto ao nível de tensão e quanto ao momento de utilização da rede. Desta forma, os experimentos de acoplamento da metodologia de sinais de redes com a metodologia de tarifas *time-of-use*, por meio do subprojeto Elasticidade e Gestão da Carga foram consolidados no último semestre do projeto. A validação das RUs preliminares – processo a ser efetivado entre os pesquisadores da entidade parceira e os pesquisadores e profissionais das distribuidoras-"piloto" – ainda não havia sido concluída. Desta forma, não se pôde retirar, à época, conclusões generalizáveis dos experimentos iniciados.

A quinta etapa foi consolidada com a análise do conteúdo desenvolvido no Projeto Estratégico nº 003/2008 (metodologia para alocação de custos do sistema de transmissão), haja vista a possibilidade de compatibilização com a proposta do Projeto nº 008/2008 que estamos desenvolvendo para o nível de alta-tensão da distribuição (~138 kV). Os resultados deste subprojeto deverão compor publicação mais especializada em virtude do conteúdo técnico da abordagem tratada.

AIII.2. ELASTICIDADE E CURVA DE CARGA

Da análise das principais práticas europeias, 1ª etapa do projeto, verificou-se que a evolução da formação das tarifas nos países selecionados está fortemente inserida no contexto de liberalização dos mercados e, consequentemente, grande parte da discussão atual gira em torno da introdução da competição no mercado de varejo. Assim, o momento atual da evolução tarifária na França não tem aplicação direta ao estudo das tarifas no Brasil onde, à exceção dos grandes consumidores, não existe concorrência no fornecimento de energia elétrica. Nesse sentido, incorporou-se o estudo de experiências tarifárias de outros países da União Europeia. Partindo do atual modelo institucional nos países analisados, foi dada prioridade aos temas particulares de cada país sem, contudo, abandonar o corrente acompanhamento das grandes discussões no contexto europeu visando compreender as dificuldades e os avanços verificados em diversos países que podem ser aproveitados como experiência para a análise brasileira. Assim, foi abordado o mecanismo pelo qual a França e os países europeus, em geral, subsidiam os consumidores de eletricidade de baixa renda. Verificou-se que, similar ao caso do Brasil, a classificação na França ao acesso à tarifação especial está baseada na análise e na cooperação com outros serviços sociais. Contudo, o mecanismo de subsídio cruzado interno ao setor elétrico na França é nacional, enquanto no Brasil é regional. Como o financiamento deste serviço, no caso francês, é feito de forma nacional através da empresa pública de geração, os subsídios não são repassados nem afetam o cálculo das tarifas das distribuidoras que recebem igualmente por um consumidor "normal" ou um consumidor sob a "tarifa solidária". Este formato pode ser considerado eficiente na medida em que não afeta a concorrência no mercado atacadista, bem como no varejista. Isto é, a oferta de eletricidade de todas as regiões e tipos de tecnologia recebe a mesma remuneração independente de se o consumidor se enquadra nos clientes de baixa renda ou não.

A 2ª etapa teve como propósito identificar na metodologia de cálculo das tarifas de energia elétrica utilizada no Brasil os pontos críticos e/ou passíveis de aprimoramento. Conclui-se, desta etapa, que o aspecto da reprodução do cálculo das tarifas é crítico dentro do projeto de pesquisa. Além de permitir o resgate completo da metodologia vigente, a reprodução também permitirá avaliar o impacto das eventuais propostas de aprimoramento do método empregado pelo regulador. Este ponto, identificado, será tratado e desenvolvido na 5ª etapa.

A 3ª etapa incorporou a modelagem do efeito das elasticidades para os fins de reconciliação de receita nos cálculos tarifários. O principal aporte foi considerar que os consumos nos demais horários são complementares ou substitutos ao existente ao do horário em questão. Essa consideração permitiu incluir no modelo a elasticidade de substituição. A abordagem metodológica implantada se baseia na proposta de Parks e Weitzel.[2]

A 4ª etapa partiu da verificação de que as metodologias de análise dos custos marginais consideram uma carga determinística e inelástica. Assim, ignoram a reação dos usuários aos sinais econômicos que lhe são impostos. Desta forma, é pertinente internalizar, da melhor maneira possível, as incertezas futuras das cargas na determinação do custo marginal do sistema. Com efeito, a representação da ótica da unidade consumidora no modelo de cálculo de tarifas permitirá às companhias distribuidoras entender o comportamento de consumo dos seus clientes e, em um segundo momento, "emitir" sinais econômicos para otimizar a utilização de sua rede. No entanto, os estudos sobre elasticidade de cargas no sistema elétrico e seus resultados estão cercados de incertezas inerentes aos diversos segmentos de atividade econômica que podem compor o mercado. Além disso, não há dados estatísticos suficientes para analisar e modelar tais incertezas, o que dificulta a sua representação nos modelos de carga do sistema. Essa mesma dificuldade foi encontrada no subprojeto "Tarifa 2 partes", de tal forma que será objeto de indicação para próximos estudos a especialização neste tema, seja nos aspectos metodológicos, mas principalmente com a forma de obtenção de dados para essas mensurações.

A 5ª etapa teve basicamente os propósitos de desenvolver e implementar computacionalmente as propostas metodológicas pertinentes das etapas anteriores. O Sistema de Tarifas de Acesso – STAC – constitui-se de uma ferramenta fundamental para simulações de alternativas e aprimoramentos ao método utilizado no Brasil para o cálculo da estrutura tarifária. O atual modelo – utilizando os resultados gerados pelo Tardist como gabarito, disponível na página da ANEEL, na Internet – permite realizar simulações de mutação da curva de carga em função da exposição de coeficientes de elasticidade entre preço-consumo e os respectivos rebatimentos da formação da receita da distribuidora. Foram realizadas simulações para 10 distribuidoras.

---

[2] Parks, Richard W.; Weitzel, David. Measuring the Consumer Welfare Effects of Time-Differentiated Electricity Prices. *Journal of Econometrics*, Amsterdã, v. 26, p. 35-65, set./out. 1984. Mais detalhes em [9].

APÊNDICE III

Posteriormente, os pesquisadores do subprojeto disponibilizaram nova versão do STAC, bem como do módulo do Sistema de Tarifas de Aplicação de Ramsey – STAR, considerando o aprimoramento da modelagem da elasticidade de substituição em parceria com os pesquisadores do subprojeto "modalidades e tecnologia de precificação".

Mediante a bibliografia referenciada em [8], observa-se que, em sua maioria, o consumo de eletricidade é tratado de maneira independente no orçamento do consumidor. Primeiramente é definido um volume de eletricidade agregado e, em segundo momento, distribuído entre os postos tarifários de acordo com as respectivas tarifas. Essa premissa permite relacionar o consumo de energia elétrica em cada posto tarifário como função apenas das tarifas e da dotação orçamentária para eletricidade, independente dos demais bens da economia (demanda não compensada). Desta forma, a relação entre tarifa e consumo pode ser estimada a partir de funções de demanda, medindo-se a elasticidade-preço da demanda ou medindo-se a elasticidade-preço da demanda cruzada.

Estas funções descrevem as quantidades consumidas, conforme diferentes arranjos de preços, restrição orçamentária e variáveis ambientais. A elasticidade-preço e a elasticidade de substituição são parâmetros da função demanda e descrevem como uma variação da tarifa em um posto tarifário influi no consumo dos diversos postos tarifários. Esta relação pode ser visualizada na Figura AIII.1, extraída de [8].

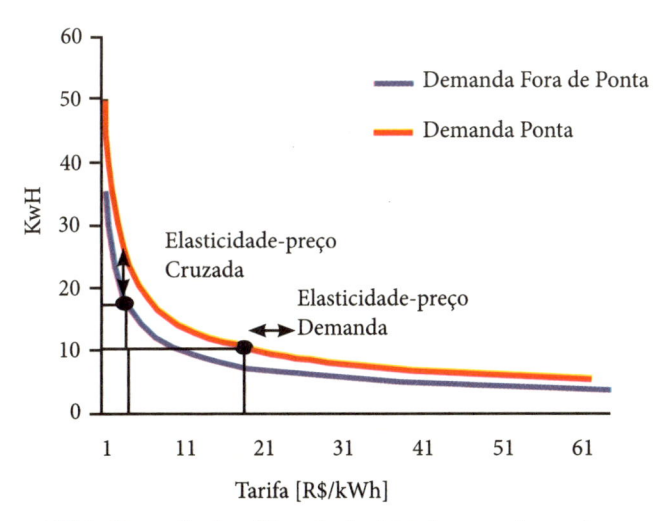

Figura AIII.1. Ilustração dos efeitos da elasticidade preço-demanda e cruzada.

Isto posto, o modelo de comportamento foi aperfeiçoado nas hipóteses até então vigentes:

  i. A sinalização horária na componente de potência induzia à modulação de carga, mas não alterava o consumo total de energia. Por outro lado, variação na componente de energia das tarifas induzia a alteração no consumo de energia, mas não modificava o perfil de cargas com tarifas binômias.

  ii. A máxima tarifa possível estava limitada a 20 vezes o valor da tarifa vigente.

A partir de agora, o modelo considera que:

  i. As componentes de potência e energia das tarifas binômias induzem a modulação da carga e podem modificar o consumo de energia.

  ii. A máxima tarifa possível é definida tanto pelos preços praticados por produtos ou serviços que possam resultar na substituição do fornecedor inicial, quanto pelas relações entre as componentes tarifárias.

A fundamentação e os detalhes formais da proposição podem ser encontrados em [8]. As características do acoplamento funcional entre STAC e STAR podem ser vistas em [11].

Por fim, a conclusão do subprojeto se deu pela integração funcional dos sinais econômicos regionais tratados no subprojeto "sinais locacionais" para estudos experimentais nos níveis de MT e BT.

AIII.3. CUSTO MÉDIO TEMPORAL DO CICLO TARIFÁRIO – CMTC

A primeira fase do projeto foi constituída pela revisão bibliográfica pertinente às métricas dos custos marginais de desenvolvimento de rede, a formulação da metodologia proposta e a organização para a coleta de dados para sua aplicação.

A formulação do CMTC é apresentada na seguinte equação:

$$CMTC^k = \frac{\sum_{t=1}^{n} CD_t^k \cdot (1+i)^{-t}}{\sum_{t=1}^{n} MW_t^k \cdot (1+i)^{-t}} \qquad \text{[Equação AIII.1]}$$

Em que:

k = nível de tensão;

CD = custos técnicos de distribuição no ano t;

MW = mercado de energia elétrica no nível de tensão;[3]

i = taxa de retorno antes dos impostos utilizada no ciclo tarifário;

n = anos entre revisões tarifárias ordinárias.

O custo técnico de distribuição (CD), por sua vez, é definido pela seguinte equação:

$$CD^k(t) = BRR_b^k(t) \cdot \overline{Td^k} + BRR_l^k(t) \cdot i + O\&M^k(t) \quad \text{[Equação. AIII.2]}$$

em que:

BRRb = base de remuneração bruta dos ativos do nível de tensão k[4];

BRRl = base de remuneração líquida dos ativos do nível de tensão k;

Td = taxa média de depreciação dos ativos do nível de tensão k;

O&M = custos de Operação & Manutenção das redes de distribuição considerados na empresa de referência. Os custos comerciais e corporativos são tratados separadamente no Anexo I.

Nesta fase, ainda, foram elaborados e discutidos com profissionais das distribuidoras patrocinadoras os critérios de rateio dos custos operacionais com o objetivo de nortear as simulações e hipótese para a fase final de experimentação.

Em paralelo, foram realizadas as seguintes atividades:
- Determinação de todos os dados pendentes nas NT de Revisão Tarifária para o cálculo do CMTC em todas as empresas que passaram pela última revisão tarifária.
- Início de estudo de critério, fundamentado em cálculos estatísticos, para segregação de itens da base de remuneração de cada empresa em diferentes níveis de tensão.
- Automação de planilhas referentes aos dados coletados.

---

[3] Mercado de demanda de potência do nível de tensão, ou seja, energia elétrica solicitada por consumidores livres e cativos do respectivo nível e dos níveis a jusante.

[4] Informações obtidas nos laudos de avaliação dos ativos do 2º ciclo revisional.

O principal avanço metodológico da segunda fase foi a desagregação do valor dos ativos por nível tensão – mensurados no Ativo Imobilizado em Serviço e estabelecidos no processo de revisão tarifária periódica das distribuidoras – aplicando modelo de otimização linear.

Como poderá ser visto em [12] a proposta se baseia no seguinte algoritmo e modelo para a segregação de ativos imobilizados em serviço nos níveis de tensão A2, A3, A3a, A4 e BT:

a. Escolha dos ativos relevantes na composição do AIS.

b. Escolha das empresas que tomam parte do cálculo.

c. Coleta da quantidade de ativos de cada uma das empresas, utilizando para isso o seu modelo da Empresa de Referência, disponibilizado no sítio da ANEEL.

d. Aplicação do cálculo de programação linear, uma empresa por vez, visando minimizar erros de estimativa do AIS e obedecendo restrições coerentes entre os diversos ativos (parâmetros em validação, por exemplo, o quanto um circuito trifásico deve ter custo superior ao monofásico).

e. Cálculo da média interna dos custos para cada um dos ativos, considerando 80% centrais, ou seja, excluindo-se 10% do extremo superior e 10% do extremo inferior (critério preliminar para experimento).

f. Utilização das médias internas, calculadas no passo anterior, nas estruturas de ativos das empresas para verificar a aderência do agrupamento de distribuidoras.

g. Para cada grupo coerente obtido anteriormente, reaplicação da programação linear para obtenção dos seus custos definitivos.

h. Aplicação do conjunto de custos por grupo nas empresas de cada grupo, e obtenção da divisão dos ativos nos níveis A2, A3, A3a, A4 e BT das empresas.

Os resultados preliminares estão em [12], dos quais extraímos a seguinte relação percentual de abertura do AIS por nível de tensão nas distribuidoras analisadas (Tabela AIII.1):

A última etapa do subprojeto tratou do seguinte: validação das restrições impostas no modelo; extensão para as demais distribuidoras patrocinadoras; e internalização dos investimentos e demais parâmetros considerados no cálculo do fator X para a determinação do CMTC.

Tabela AIII.1. Alocação do valor do AIS por nível de tensão (*proxy* dos subgrupos tarifários) nas distribuidoras sob experimento

	A2	A3	A3A	A4	BT
AES-SUL	2,0%	11,5%	0,0%	64,1%	22,5%
AMPLA	8,7%	6,0%	0,5%	27,4%	57,4%
CEB	10,6%	1,8%	3,3%	39,5%	44,8%
CELPA	24,9%	9,1%	12,3%	30,6%	23,1%
CEMAR	6,9%	14,1%	12,6%	46,2%	20,3%
CEMIG	28,4%	3,8%	0,6%	50,1%	17,1%
COSERN	3,0%	19,3%	0,0%	57,2%	20,5%
CPFL	31,1%	5,3%	0,4%	36,7%	26,5%
ELEKTRO	8,1%	2,2%	3,2%	66,7%	19,9%
ELETROPAULO	23,3%	0,0%	0,1%	11,2%	65,3%
ENERGIA SE	0,3%	17,9%	0,0%	54,4%	27,6%
RGE	3,4%	7,6%	0,3%	54,6%	34,1%

Neste sentido, as atividades finais deste subprojeto foram as seguintes:

- Ajuste da base de dados utilizada no modelo de otimização linear[5] para a abertura do Ativo imobilizado em serviço das distribuidoras (validados no 2º ciclo de revisão tarifária) nos diversos níveis de tensão elétrica existentes nas distribuidoras.
- Ampliação da amostra de distribuidoras.
- Cálculo do Custo Médio Temporal do Ciclo Tarifário para a respectiva amostra.

O relatório final [12] foi disponibilizado no sistema de gestão em outubro de 2010. Apesar de concluído, os resultados dos projetos, mediante avaliação dos membros do "Comitê Gestor", apresentaram volatilidade entre as distribuidoras, de modo que o projeto de pesquisa atendeu ao objetivo de segmentação do valor da Base de Remuneração Regulatória por nível de tensão.

---

[5] O modelo de otimização desenvolvido proporciona a desagregação do valor único do AIS, encontrado nas NT de revisão tarifária, nos diversos níveis de tensão das distribuidoras, considerando seus quantitativos físicos (km rede, subestações etc.) registrados nos apêndices do modelo de Empresa de Referência.

Não obstante, os resultados (Figura AIII.2) retratam conjuntamente os limites de convergência do método de otimização e naturais resíduos das próprias bases de dados utilizadas no estudo. Além disso, a proposta apresentada pela ANEEL na Consulta Pública nº 11/2010 para estimar o valor dos custos médios por nível de tensão consolidou o direcionamento metodológico de utilizar custos médios em detrimento de custos marginais, conforme indicação do subprojeto "Estrutura Marginalista". Desta forma, os resultados deste subprojeto poderão ser utilizados para análise de consistência dos resultados que as áreas técnicas da agência obterão como o critério apresentado na Nota Técnica nº 126/2010-SRD-SRE/ANEEL. Assim, o resultado deste subprojeto agrega conhecimento científico e ferramenta de auxílio para implantar inovações no processo regulamentar.

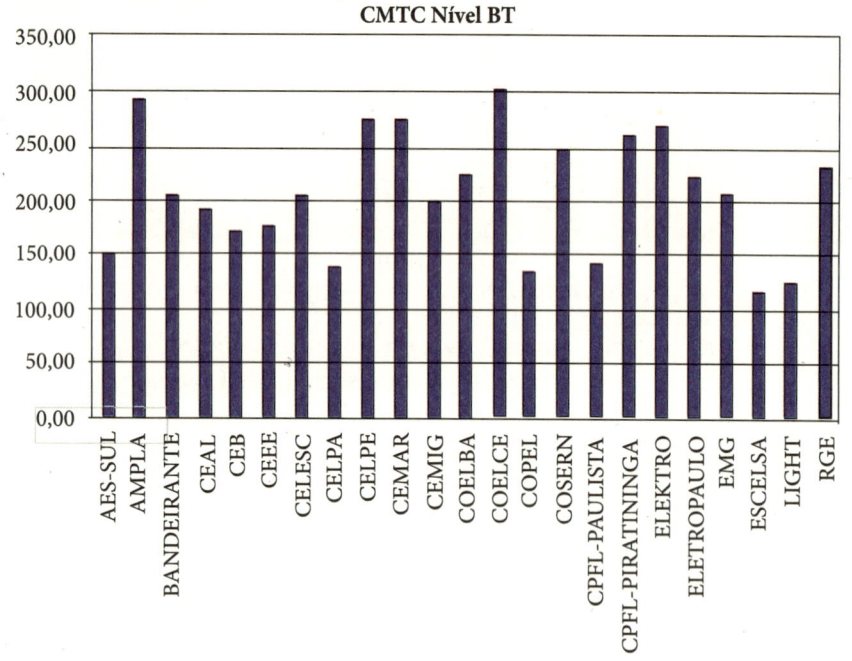

Figura AIII.2. CMTC no nível BT para as empresas estudadas (R$/kW.ano).

AIII.4. TARIFA DUAS PARTES E CONSIDERAÇÕES SOCIAIS – *T2P*

Este subprojeto foi constituído pelas seguintes etapas: 1 – visita às metodologias de determinação dos custos marginais; 2 – definição da metodologia de estimação dos custos da melhor oportunidade alternativa (CMOA) e levantamento dos parâmetros à aplicação na categoria residencial; 3 – proposta de metodologia de determinação do excedente do consumidor na categoria Residencial; e 4 – levantamento das diferentes metodologias na tarifa social na América Latina.

Os estudos da *Etapa 1* trouxeram a ratificação da metodologia equivalente do Custo Incremental Médio de Longo Prazo – CIMLP com opção paramétrica adequada. Porém as limitações para o refinamento dos dados de entrada podem, de fato, comprometer a real sinalização oferecida aos consumidores.[6]

O conceito básico do CMOA é verificar qual é o custo de fornecimento de energia elétrica para o consumidor substituir a distribuidora de energia elétrica para este fornecimento. Os procedimentos relacionados na *Etapa 2* referem-se basicamente à modelagem do custo médio de fornecimento de energia elétrica por fontes locais como, por exemplo, geradores do ciclo Otto, Diesel e conjunto bateria. São considerados os custos de investimento e custos variáveis para cada uma das opções. A seleção do consumidor considera seu porte e fator de carga para os fins de dimensionamento da capacidade ao menor custo viável.

O excedente do consumidor – *Etapa 3* – foi modelado em essência como a diferença entre o custo marginal de capacidade que lhe é associado na metodologia vigente e CMOA aplicado ao seu próprio consumo. A definição foi, de fato, a equação de cálculo que considera a qualificação de custos fixos.

Na *Etapa 4* foi desenvolvido estudo específico. Verifica-se que do levantamento das práticas latino-americanas, o caso brasileiro é referencial, pois combina atributos distintos de subsídios gerais (por consumo máximo) e de subsídios seletivos (condições sociais). O objetivo é garantir prioritariamente acesso às camadas mais necessitadas, mesmo considerando o risco inerente de abarcar usuários que não dependem do benefício social. Em última análise, é preferível aceitar o erro de incluir um consumidor não elegível do que rejeitar um que faz jus ao benefício. Por outro lado, para evitar ampliação do subsídio desnecessariamente, a qualificação por atributos sociais e condição de acesso aos beneficiários são ações complementares.

Como mencionado, o plano estrutural de investigação deste subprojeto foi a possibilidade de compor *modelo tarifário que aglutine os sinais de custos pelo lado da oferta do serviço de distribuição com os sinais pelo lado da demanda, especificamente, os do excedente dos consumidores* (desenvolvimento detalhado poderá ser encontrado em [3]).

---

[6] Como visto no Item 4.1, os custos médios regulatórios são bons sinalizadores dos custos marginais para aplicar nos estudos da estrutura tarifária do 3º ciclo revisional que se inicia a partir de 2011.

Este subprojeto aportou simulações para os casos das seguintes distribuidoras: AMPLA, CEAL, CEB, CEEE, CEMAR, CEMIG, COELBA, COSERN, CPFL, ELEKTRO, ELETROPAULO, ENERGISA MG, ESCELSA e LIGHT. Como pode ser visto, há amplo leque regional e, inclusive, de porte no conjunto analisado.

Um caso da diferença relativa entre o excedente máximo dos consumidores e a parcela requerida pode ser visto na Figura AIII.3. A diferença entre a coluna roxa (TM T2P c/consideração social s/perdas) e a coluna verde (TM ANEEL 2 da revisão) pode ser interpretada como acréscimo ou decréscimo de alocação de custo no respectivo estrato de classe de consumo. Por sua vez, o tamanho do excedente do consumidor é delimitado pela barra azul (CMOA). Assim, para o consumidor B1-6 (de mais alta renda) **a parcela requerida do seu excedente representa, apenas, 10% do seu total**.

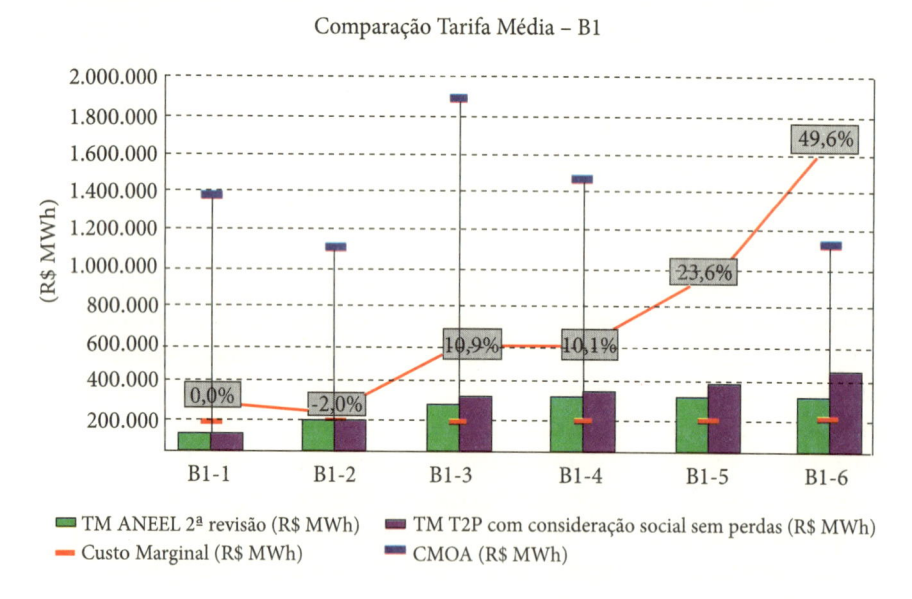

Figura AIII.3. Impacto da parcela requerida sobre o excedente dos consumidores.

Antes de adentrar nos resultados das citadas simulações, cabe resgatar atividade adicional deste subprojeto referente ao coeficiente de preferência social [3]. O ponto nevrálgico da metodologia foi determinar o coeficiente de sensibilidade social.

O coeficiente médio de preferência social (delta) pode ser entendido também como a transferência de parte do excedente dos consumidores de maior volume (renda[7]) para os consumidores de menor volume (renda). Nota-se que a parcela realocada ou "parcela requerida" é aquela extraída do excedente dos consumidores para recompor a receita requerida da distribuidora. Como pode ser visto em [3], a parcela requerida tende a representar pequena fração do excedente total dos consumidores.

A preocupação nesta etapa foi incorrer em julgamentos para a determinação daquele coeficiente que superassem os objetivos e o alcance desta pesquisa e, consequentemente, esmorecer a qualidade do subprojeto. A opção dada foi a mais segura e coerente, pois o coeficiente preferência social será estimado por inspeção dos efeitos dos subsídios econômicos existentes na atual Tarifa Social (Lei nº 12.212/10). *O que é calculado, neste caso, é exatamente o coeficiente de preferencial social implícito na aplicação das diretrizes da Tarifa Social.* A visualização deste coeficiente aplicado aos estratos de consumo (ou renda, conforme visto em [4]), para o caso de uma das distribuidoras amostradas, é posta no exemplo da Figura AIII.4. Os resultados estão na Tabela AIII.2.[8]

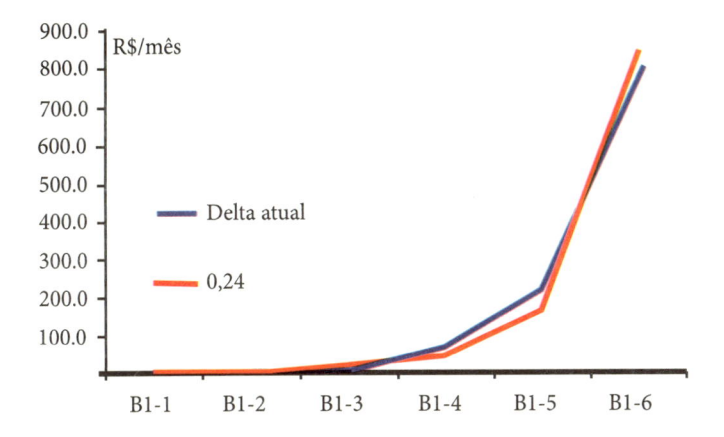

Figura AIII.4. Fator delta estimado a partir da estrutura tarifária atual.

---

[7] Como pode ser visto em [4], há elevada correlação estatística entre o nível de consumo residencial e o nível de renda da população, de modo que permite razoável solidez na interpretação dada à transferência de renda.

[8] Como pode ser visto, quando o parâmetro * = 0 a utilidade social marginal da renda é independente do seu nível (uma unidade monetária a mais na mão do indivíduo rico é socialmente igual a uma unidade monetária a mais na mão de um indivíduo pobre). Para valores do parâmetro maiores do que zero o impacto será tanto maior quanto menores sejam as rendas dos indivíduos (uma unidade monetária a mais na mão do indivíduo pobre é socialmente mais importante do que uma unidade monetária a mais na mão do indivíduo rico).

Tabela AIII.2. Consolidação dos estudos do coeficiente de preferência social existente na atual Tarifa Social a partir das tarifas da resolução ANEEL, considerando o efeito da tributação diferenciada do ICMS[9]

Concessionária	Cenário A	Cenário B
AMPLA	0,18	0,22
ESCELSA	0,12	0,20
COSERN	0,12	0,37
CEB	0,17	0,20
COELBA	0,42	0,49
ELEKTRO	0,11	0,24
ELETROPAULO	0,14	0,18
LIGHT	0,24	0,24
CPFL	0,09	0,23
CEEE	0,10	0,16
CEMIG	0,43	0,31
ENERGISA MG	0,26	0,21
CEAL	0,59	0,40
CEMAR	0,68	0,44
Média	0,26	0,28
Máximo	0,68	0,49
Mínimo	0,09	0,16

A relação entre o poder de abrangência do coeficiente de preferência social implícito e o Índice de Desenvolvimento Humano – IDH[10] é apresentada na Figura AIII.5, a partir de estudo expedito.

Não se pode concluir, mas é possível deduzir, que o atual critério de Tarifa Social – independente da análise de seu memorial de cálculo, se existir – cumpre razoavelmente sua função distributiva, haja vista o coeficiente de correlação -0,86 entre o IDH e o coeficiente de preferência social implícito na Tarifa Social. As regras de aplicação da Tarifa Social podem ser aperfeiçoadas, mas atualmente atuam para arrefecer os efeitos econômicos da "Assimetria Tarifária", que, por sua vez, prioriza a eficiência produtiva e alocativa.

[9] Para estimar o fator delta atual, definiu-se a parcela da tarifa atual que se deveria recuperar via CAR. O cenário A considera a existência de subsídios. Já o cenário B assume que não existem subsídios, ou seja, que a parcela mencionada é igual à tarifa vigente do consumidor baixa renda da primeira faixa de consumo (desconto de 65%).

[10] Organização das Nações Unidas – ONU. Relatório de Desenvolvimento Humano 2008/2007, disponível em www.pnud.org.br. O IDH do Estado brasileiro foi confrontado com o coeficiente de preferência social implícito na aplicação e abrangência das tarifas sociais nas distribuidoras selecionadas.

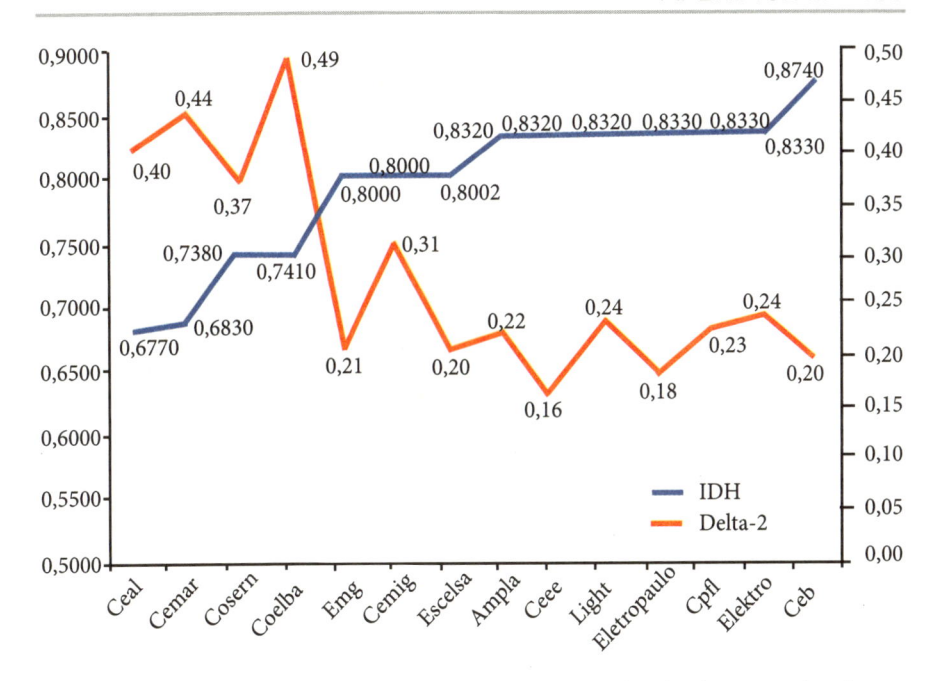

Figura AIII.5. Relação entre IDH dos estados atendidos pelas distribuidoras consideradas no experimento e respectivos coeficientes de preferência social.

Retomando a descrição das simulações, cabe mencionar que foram realizadas com os custos médios de longo prazo ao invés dos custos incrementais de longo prazo, conforme escopo original do subprojeto. Esta alteração foi fundamentada nas constatações verificadas no subprojeto Estrutura Marginalista, bem como nos resultados da abertura dos custos dos ativos e de O&M realizados no subprojeto CMTC (ver Item AIII.3).

O espaço experimental para a aplicação desta metodologia foi delimitado às componentes de formação do nível tarifário, que:

1. não tem equacionamento integralmente definido, como é o caso dos custos de administração contidos na "empresa de referência"; e
2. não são vinculados diretamente às atividades do serviço público de fornecimento de energia elétrica (G, T e D), como é o caso dos "encargos setoriais".

Os impactos das propostas – consolidados para as distribuidoras analisadas – relativos à estrutura tarifária vigente podem ser observados, por nível de tensão e subgrupo tarifário, na sequência das Figuras AIII.6a, AIII.6b e AIII.6c.

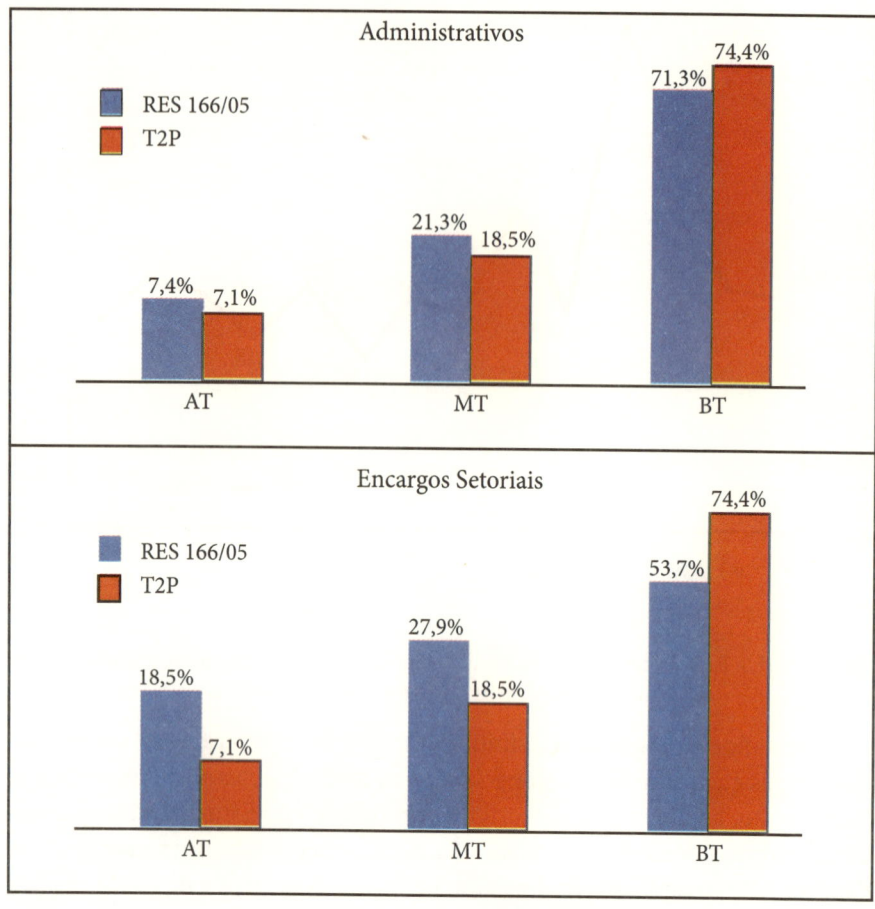

Figura AIII.6a. Impacto da realocação dos custos administrativos e dos encargos setoriais entre os principais níveis de tensão (AT, MT e BT).

Como pode ser visto, de forma geral há:

1. menor alocação de custos aos consumidores de AT e MT;
2. maior alocação de custos aos consumidores dos subgrupos: B1, B2 e B3;
3. manutenção da alocação de custos no subgrupo B4;
4. menor alocação de custos aos consumidores residenciais de menor consumo (renda);
5. maior alocação de custos aos consumidores residenciais de maior consumo (renda).

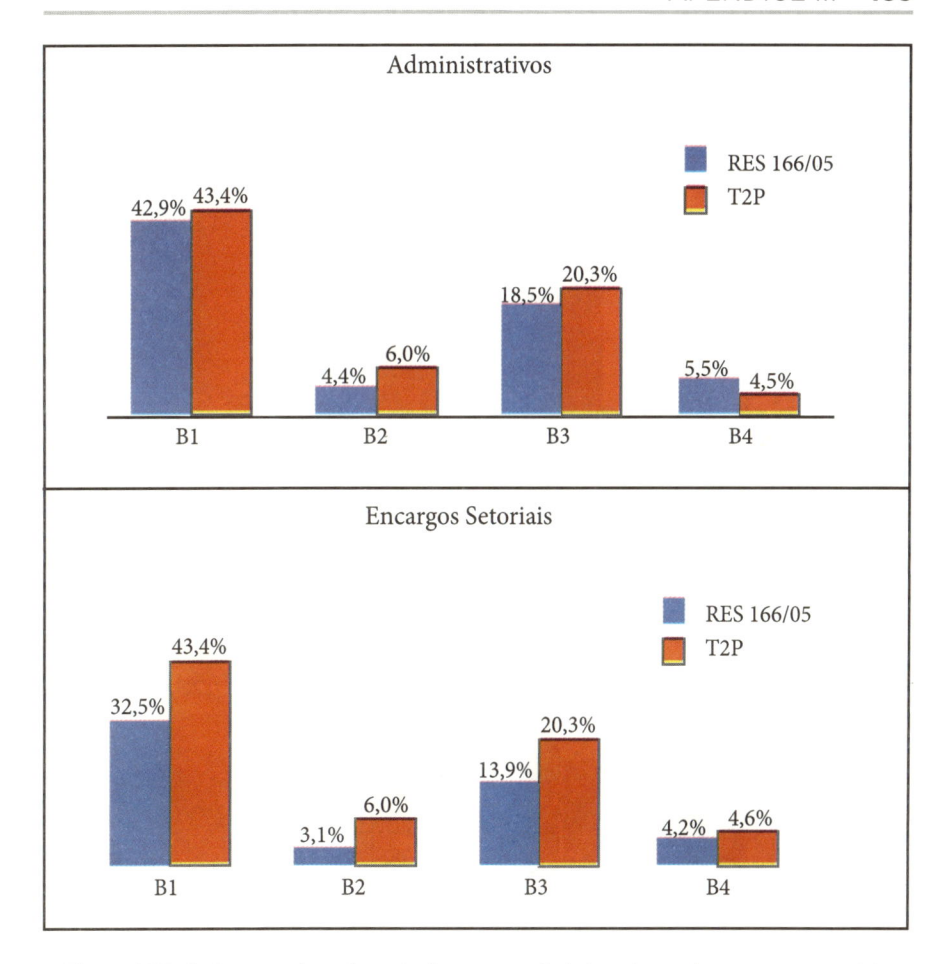

Figura AIII.6b. Impacto da realocação dos custos administrativos e dos encargos setoriais entre as classes de consumo existentes na BT (B1, B2, B3 e B4).

O impacto da realocação de custos sobre os consumidores residenciais de maior consumo poderá aumentar suas despesas com energia elétrica (considerando-os inelásticos) e, como esperado, reduzirá despesas dos consumidores de baixa renda.

Este balanceamento modificará a participação destas despesas na cesta de orçamento das famílias brasileiras (POF 2003) com a tendência de nivelamento entre os consumidores de alta e baixa rendas. Essa realocação colocaria o Brasil numa situação de maior equidade se comparado ao verificado nos países selecionados (Tabela AIII.3).

Administrativos

Faixa	RES 166/05	T2P	T2P & Social
B1-1	2,1%	0,8%	0,4%
B1-2	10,2%	7,6%	5,3%
B1-3	10,6%	13,5%	12,5%
B1-4	15,0%	17,7%	18,7%
B1-5	2,7%	1,9%	2,9%
B1-6	2,4%	2,0%	3,6%

Encargos Setoriais

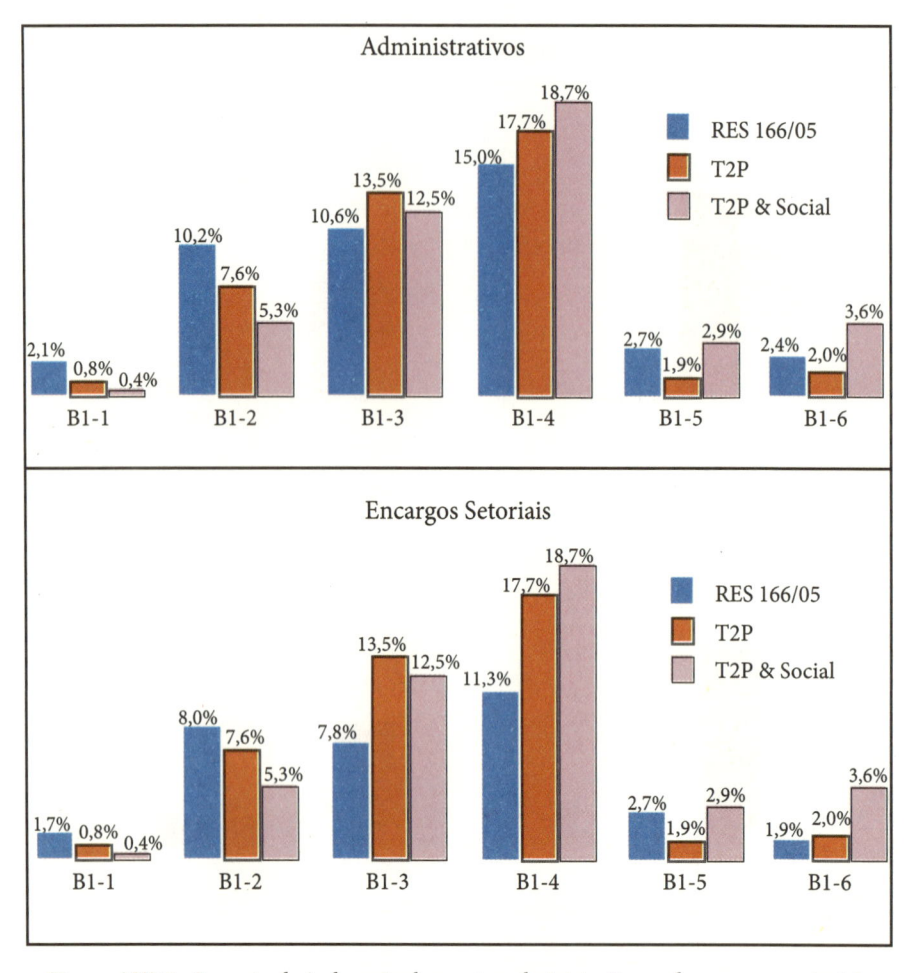

Faixa	RES 166/05	T2P	T2P & Social
B1-1	1,7%	0,8%	0,4%
B1-2	8,0%	7,6%	5,3%
B1-3	7,8%	13,5%	12,5%
B1-4	11,3%	17,7%	18,7%
B1-5	2,7%	1,9%	2,9%
B1-6	1,9%	2,0%	3,6%

Figura AIII.6c. Impacto da realocação dos custos administrativos e dos encargos setoriais entre os estratos de consumo da classe residencial.

Tabela AIII.3. Participação das despesas com energia elétrica em países selecionados

Faixa de consumo	Uganda	Índia	África do Sul	Reino Unido	Bolívia	Uruguai	Argentina	Brasil
(1) 20% menores	15%	8,80%	7,20%	6,60%	9,00%	5,20%	3,90%	3,10%
(2) 20% maiores	9,50%	5,00%	5,50%	2,00%	2,00%	3,20%	1,00%	1,90%
Relação (1) (2)	1,58	1,76	1,31	3,30	4,50	1,63	3,90	1,63

Fonte: Elaboração própria mediante dados de: African Energy Policy Research Network; Tata Energy Research Institute (2001); Davis (1998); Departament of Trade and Industry (2002); IBGE (2003); Instituto Nacional de Estatística (2006); Bio_Nica.Info (2007): Área de Economia y Tecnologia de La Flacso, 1997.

Por fim, registram-se como promissoras as pesquisas adicionais para estimar as elasticidades e os excedentes econômicos dos consumidores residenciais para o objeto de estruturas tarifárias orientadas pela teoria do bem-estar social. Entretanto, para o objeto da AP 120/2010 apresenta-se a via mais consolidada deste subprojeto refere-se às modalidades com relatividade de preços.

Desta forma, as principais indicações deste subprojeto, conforme indicado na Figura 4.3, foram absorvidas no subprojeto "Estrutura Marginalista". Dentre elas se destacam:

- A base de dados e o cálculo dos Custos das Melhores Opções de Atendimento – CMOA.
- A orientação para internalizar os excedentes dos consumidores objetivando extrair as parcelas dos encargos setoriais (custos dissociados das atividades finais do setor elétrico e de natureza econômica equivalentes aos tributos, pois alteram a relatividade dos preços em mercados) das tarifas finais. A parcela de encargos setoriais será constituída na componente de encargo fixo mensal alocado de forma proporcional aos excedentes destes consumidores.

Estes dois principais insumos encontram-se nas proposições para permitir mais flexibilidade às distribuidoras, objetivando criar modalidades tarifárias orientadas por sinais de contestação de mercado para benefício próprio e da sociedade.

AIII.5. MODALIDADES E TECNOLOGIAS DE PRECIFICAÇÃO

A primeira etapa deste subprojeto priorizou o levantamento do estado da arte da prática internacional referente ao desenho de estruturas tarifárias para os serviços de distribuição de energia elétrica. Nesta etapa foram inventariadas as experiências de regulação em dez países considerados de vanguarda nas práticas de tarifação. Suas principais características regulatórias associadas às práticas tarifárias estão na Tabela AIII.4.

Foi realizada também a organização sistemática das tarifas do serviço de rede com os diferentes esquemas de regulação (*Cost Plus; Price Cap; Revenue Cap;* e esquemas complementares, como: *sliding scale,* menu de contratos e *yardstick competition*), bem como os principais critérios e métricas aplicadas (Linear, Blocos, Multipartes, *Time-of-Use,* Nodais e Ramsey). No trimestre foram cotejadas, ainda, as relações analíticas entre os arranjos regulamentares e os estímulos à eficiência energética.

Tabela AIII.4. Síntese regulatória

País	Canadá (Quebec)	Chile	Nova Zelândia	Portugal	EUA (Califórnia)	Itália	Austrália (Região NSW)	Dinamarca (Copenhagen)	Espanha	UK
Esquema Regulatório	Cost Plus	Price Cap	Price Cap	Price Cap (Região Continental) e Cost Plus (Regiões Autônomas)	Price Cap com Sliding Scale	Price Cap (Opex) + Cost Plus (Capex)	Price Cap (médio)	Revenue Cap	Revenue Cap	Revenue Cap
Período Tarif. (anos)	1	4	5	4	3	4	5	4	4	5
Quantidade de Distribuidoras	1	35	29	3 grandes + 10 cooperativas	48	138	16	101	+ de 300	14
Grau de Verticalização	Verticalizada.	Distribuição e comercialização verticalizadas.	Desverticalizado.	Desverticalizado. Distribuição e comercialização segmentadas	Distribuição e transmissão verticalizadas.	Desverticalizado.	Distribuição e transmissão verticalizadas.	Desverticalizado.	Desverticalizado.	Desverticalizado. Medição e conexão são consideradas mercados em concorrência
Grau de Liberalização do Mercado Atacadista?	Parcial (Clientes) Trifásicos > 260A)	Parcial (Clientes) com potência > 2MW)	Total, sem CUR	Total, com CUR	Total antes de 2001. Atualmente, quem era livre antes da crise.	Total com CUR	Total com CUR	Total com CUR	Total com CUR	Total sem CUR
Aplicação de Tarifas Dinâmicas na *Commodity*	Sim	Não	Potencialmente	Não no CUR. Potencialmente no mercado livre.	Sim	Não no CUR. Potencialmente no mercado livre.	Não no CUR. Potencialmente no mercado livre.	Não no CUR. Potencialmente no mercado livre.	Não no CUR. Potencialmente no mercado livre.	Potencialmente
Grau de Liberdade das Distribuidoras em Relação ao Desenho Tarifário	Tarifa definida pelo Regulador.	Tarifa definida pelo Regulador.	Tarifa definida pela empresa com aprovação do Regulador.	Tarifa definida pelo Regulador.	Tarifa definida pela empresa com aprovação do Regulador.	Tarifa definida pelo Regulador.	Tarifa definida pela empresa com aprovação do Regulador.	Tarifa definida pela empresa com aprovação do Regulador.	Tarifa definida pelo Regulador.	Tarifa definida pela empresa com aprovação do Regulador.
Tarifas Equalizadas?	-	Não	Não	Em transição à equalização	Não	Sim	Não	Não	Sim	Não
Tarifa Social	Não	Não	Não	Sim	Sim	Sim	Sim	Não	Sim	Sim

(Continua)

Tabela III.4. *(Continuação)*

País	Canadá (Quebec)	Chile	Nova Zelândia	Portugal	EUA (Califórnia)	Itália	Austrália (Região NSW)	Dinamarca (Copenhagen)	Espanha	UK
Ano da Última Mudança na Estrutura Tarifária	2001	2005	2005	2009	A estrutura é proposta pelas distribuidoras a cada revisão tarifária.	2007	2009	Cada distribuidora com uma data diferente.	2009	Revisões anuais pelas distribuidoras.
Segmentação das Tarifas de Pedágio	Por atividade, nível de tensão e tipo de medição. Não é possível desagregar a *commodity* do pedágio.	Por nível de tensão e tipo de medidor.	Por atividade, nível de tensão, tipo de medidor, adesão ao gerenciamento de controle de carga e tipo de conexão (na rede ou no transformador), regiões.	Por níveis de tensão, tipo de medidor.	Por níveis de tensão, atividade, tipo de medidor, monofásica ou trifásica.	Por níveis de tensão e atividade. Sem discriminação de banda horária.	Por níveis de tensão, atividade, tipo de medidor e tipo de conexão (na rede ou na subestação).	Por níveis de tensão, atividade e tipo de medidor.	Por nível de tensão, e com opção de diferentes bandas horárias (na BT e MT).	Por níveis de tensão, atividade, tipo de medidor. Na extra-alta tensão há tarifas com sinal locacional.
Atividades Consideradas na Segmentação das Tarifas de Pedágio	Residenciais; Iluminação Pública, e *business* segmentados por porte.		Na BT: Residencial *Business*.		Grande variedade em todos os níveis de tensão (residencial, serviços gerais e agricultura).	Na BT: Residencial, *business* e Iluminação Pública.	Na BT: Residencial, *business*, ônibus elétrico, e clientes sem medição.	Na BT: Residencial e *business*.	Sem discriminação. Foram progressivamente eliminadas as tarifas por tipo de atividades.	Na BT: Residencial Business.
Critério de Alocação de Custos	Custos marginais.	Custos marginais.	Custos marginais.	Custos marginais.	Custos marginais.	Custo médio.	Custos marginais.	Metodologias diversas.	Custos marginais e Custos Médios	Custos marginais.
Variáveis de Faturamento nas Tarifas de Pedágio	Componente fixa; energia e potência lida.	Componente fixa; energia; potência contratada e lida.	Componente fixa; energia; potência contratada e lida.	Componente fixa, potência lida e contratada, energia activa e reactiva (fornecida e recebida).	Componente fixa; energia e potência lida.	Componente fixa; energia; potência contratada e lida.	Componente fixa; energia; potência contratada e lida.	Componente fixa e energia.	Componente fixa; energia e potência contratada	Componente fixa; energia e potência lida.
Tipo de Tarifa (Pedágio)	ToU, multipartes, por blocos e dinâmicas.	ToU no inverno, multipartes.	ToU, multipartes, interruptíveis.	Multipartes	Blocos, multipartes.	Multipartes.	ToU, blocos, linear e multipartes.	Multipartes.	ToU, multipartes.	ToU, multipartes.

Nota: CUR Comercializador de Último Recurso

Finalizando o rol de investigação deste período, foram observadas as particularidades sobre a precificação no serviço de fornecimento de energia elétrica que devem ser levadas em consideração na formação das tarifas, principalmente no que tange à formulação de suas componentes e à internalização de sinais econômicos de curto e longo prazos, bem como o trato da dimensão social. Desta análise expedita depreende-se que o principal desafio a ser superado para uma tarifação bem-sucedida é atender essas particularidades do serviço e, ainda, aos princípios tarifários de suficiência, eficiência, neutralidade, equidade e simplicidade. Este desafio é maior na condição de mercado atacadista parcialmente liberalizado aos consumidores devido à necessidade de gerar, em uma mesma tarifa regulada, sinais de preço diferentes para cada um dos componentes: energia (*commodity*) e de serviço de transporte.

Coadunando com a investigação inicial dos demais subprojetos, recomenda-se o uso de custos marginais para a tarifação de produtos que tenham economias de escalas significativas. Porém, como os custos marginais são menores do que os custos médios em um monopólio natural, é necessário cobrir os custos totais mediante mecanismos de convergência (preços de Ramsey, fator de ajuste, combinação de critérios de tarifação etc.). **Não obstante, recomenda-se precificar pelo custo médio as atividades em que as economias de escala não são significativas.** De forma geral, foi identificado que quanto maior é a desagregação na alocação dos custos, maiores são os ganhos na sinalização da eficiência, porém menor será a equalização entre as tarifas das distintas classes de consumo e a simplicidade da estrutura tarifária.

Na investigação realizada pelos pesquisadores deste subprojeto, pode-se verificar que a estrutura de mercado em que as tarifas da energia (entendida como *commodity*) são estabelecidas em condições concorrenciais é a mais adequada sob a ótica da maximização do bem-estar. Logo, as tarifas da *commodity* devem refletir os sinais do mercado em concorrência. Não obstante, as tarifas devem ser reguladas quando o mercado não está integralmente liberalizado ou quando, mesmo liberalizado, existe um "comercializador de último recurso". As tarifas da *commodity* devem transmitir sinais tanto de longo como de curto prazo. Para o curto prazo são utilizadas tarifas dinâmicas de forma a refletir o comportamento da demanda em períodos de escassez e permitir o rápido balanceamento com a oferta.

Na pesquisa internacional foi identificado que existe tendência liberalizante do mercado de varejo e a utilização de tarifas dinâmicas na precificação da *commodity*. Entretanto, há uma preocupação em garantir o fornecimento aos clientes de baixo consumo através de um comercializador de último recurso. No caso específico do Brasil, por exemplo, cabe avaliar os problemas que a liberalização total geraria na alocação dos custos das perdas não-técnicas e dos diversos subsídios oferecidos a título de incentivo às fontes alternativas, por exemplo.

Verifica-se também tendência a simplificar o desenho das tarifas de "pedágio", em prol da liberalização do mercado da *commodity*. Finalmente, foram identificados alguns temas controversos, em que não há hegemonia de práticas nos países estudados. Dentre esses temas são destacados:

- há utilização expressiva da regulação por incentivos, porém não existe tendência clara na escolha do regime regulatório: *Price Cap vs. Revenue Cap;*
- grau de liberdade das empresas na definição da estrutura tarifária: o regulador pode estabelecer os princípios sobre os quais a estrutura deve ser calculada, pode definir totalmente a estrutura, ou a tarifa pode ser determinada totalmente pelas empresas;
- tarifas baseadas nos custos alocativos aos usuários e tarifas equalizadas; e
- cobrança do serviço de transporte pelo uso ou pela disponibilidade (potência contratada).

Durante o primeiro semestre de 2010, o principal objetivo deste subprojeto foi consolidar as análises dos sinais horossazonais atualmente adotados pela ANEEL nas componentes de energia elétrica (*commodity*) das tarifas de fornecimentos, ou seja, aplicadas aos clientes cativos. A análise completa pode ser vista em [7].

Independente do atual[11] arranjo comercial e institucional do setor elétrico – o cálculo da componente de energia elétrica nas tarifas de fornecimento mantém sinais estabelecidos na Resolução Normativa ANEEL 166/2005 que, em verdade, foram herdados das condições institucionais e operativas do final da década de 70.

Para os efeitos da análise, **as relações horossazonais atuais serão confrontadas com as que prevaleceriam nos mercados em concorrência,** o que, por definição, leva à otimização do sistema e preços praticados iguais aos custos marginais. No caso brasileiro, a emulação das condições de mercado competitivo no curto prazo se dá pela formação do preço de liquidação das diferenças (PLD) na Câmara de Comercialização de Energia Elétrica (CCEE). Este preço é baseado nos custos marginais de operação calculados através de modelos matemáticos que orientam a operação otimizada da oferta de energia elétrica.

---

[11] Sofreu diversas alterações nos últimos anos. Destacamos as mais relevantes para o tema e investigação: a desverticalização das atividades de geração, transmissão e distribuição e a criação de ambientes de contratação de energia elétrica livre e regulada.

Para isso, foram utilizadas a análise estatística e a aplicação de modelos de mínimos quadrados ordinários *nos dados passados* (séries históricas do PLD da CCEE) e *nos dados projetados* (obtidos da aplicação do NEWAVE e registrado no Planejamento da Operação Energética de julho de 2009 do ONS).

A síntese dos resultados encontrados foi basicamente:[12]

- **Sinal Sazonal**

  ◊ A análise das séries do PLD **histórico** indica que elas apresentam volatilidade elevada e **não possuem sazonalidade estrutural significativa** entre os períodos seco e úmido.

  ◊ Por outro lado, na **análise prospectiva** com base nas séries de CMO projetadas pelo NEWAVE a sazonalidade é fortemente destacada entre as estações úmida e seca. Os valores encontrados da **razão seco sobre úmido são em média significativamente superiores aos 12% adotados pela ANEEL, mas a relação é decrescente ao longo dos anos** e diferente entre os submercados.

- **Sinal Horário**

  ◊ O sinal horário foi estudado através da relação pesado/leve histórica e projetada. Nas séries **históricas** os valores da relação posta **são significativamente inferiores aos atualmente aplicados pela ANEEL (72%)** e variam sensivelmente por submercado.[13]

  ◊ Os resultados da **análise prospectiva apontam também para sinais extremamente tênues,** se comparados aos vigentes.

Como síntese das conclusões, fica a indagação se os sinais horossazonais aplicados nas componentes de compra de energia das tarifas de fornecimento devem ser estabelecidos por:

  i. modelo prospectivo de planejamento eletroenergético racional, ou seja, com base nos sinais do PEN;

  ii. aplicação da constatação passada (neste caso, os dados do PLD indicam sinais nulos); ou

---

[12] Ainda não foi tratada sinalização de preço de energia elétrica nos sistemas isolados.
[13] A relação média foi de: 7% para o Sul, 4% para o Sudeste e 1% para o Norte e Nordeste; enquanto a mediana foi de 0% para o Norte e Nordeste e de 1% para o Sul e Sudeste. Considerando a distribuição de frequências e um nível de confiança superior a 95%, a relação (pesado/leve) não foi superior a: 9% no Sudeste, 23% no Sul, 21% no Norte e 4% no Nordeste. Cabe ressaltar que estes resultados e indicações são coerentes aos apontados no projeto de P&D 001/2006 da LIGHT (Análise para Aperfeiçoamento dos Sinais Tarifários) realizado pela PSR. A abordagem metodológica neste trabalho foi baseada na teoria dos jogos.

iii. Cotejados por métodos de contestação de mercados como os estabelecidos na proposição dos excedentes dos consumidores tratados no subprojeto "Tarifas 2 Partes" e potencializado no subprojeto "Estrutura Marginalista" na análise das modalidades tarifária.

Acreditamos que a proposição (iii) seja a mais coerente com as linhas de investigação apresentadas e, principalmente, pelas aplicações na alocação de custos entre níveis de tensão e anteriores. Todavia, como mencionado anteriormente, o processo de validação de proposições precede a conclusão e aplicação do modelo de apoio à decisão que foi desenvolvimento e aplicado neste subprojeto.

Durante o segundo semestre de 2010, os pesquisadores desde subprojeto desenvolveram e executaram o "modelo de apoio à decisão". Como mencionado anteriormente, essa ação teve especial importância para a organização sistemática do conteúdo produzido no projeto de P&D objetivando facilitar o processo decisório de definição, avaliação e proposição do aperfeiçoamento da estrutura tarifária.

Além disso, o processo de consulta permeou diversos agentes interessados no aperfeiçoamento da estrutura tarifária. As principais diretrizes da atividade foram:

- Expor as diversas opções disponíveis para a formação de uma estrutura tarifária conforme levantamento obtido dos estudos da teoria econômica e da prática internacional realizados em etapas anteriores do projeto.
- Contemporizar, no modelo, os pontos positivos e negativos das opções selecionadas, bem com informações específicas necessárias para a sua implantação.

Este modelo foi aplicado em grupo de profissionais das distribuidoras e em grupo de profissionais que atuam com as demandas dos usuários, via suas associações representativas. Os resultados estão no Apêndice II.

AIII.6. ESTRUTURA MARGINALISTA

Na *Etapa I* foram discutidas as questões inerentes ao próprio monopólio, como a subaditividade de custos, economias de escala, economias de escopo, bem como a teoria marginalista de longo e curto prazos aplicada ao problema da distribuição de energia. O objetivo foi apresentar de forma organizada e estruturada as questões discutidas pelos pesquisadores deste subprojeto. Os principais pontos deste mapeamento podem ser agrupados na caracterização de monopólios naturais em função das economias de escala e economias de escopo; e a ratificação de que precificação em sistemas elétricos de potência deve ser relacionada à condição de máxima exigência (ponta) lastrada com custos marginais de curto e longo prazos para maior eficiência econômica produtiva.

A *Etapa II* relacionada ao custo de rede avançou em experimentos com dados de revisão tarifária de distribuidoras segmentadas por conglomerados regionais para os fins de aplicação dos pressupostos teóricos tratados por Boiteux.[14] Os resultados, naquela época ainda preliminares, foram intrigantes, pois denotam pouca diferença ao se utilizarem custos médios ou custos marginais em função das escalas das distribuidoras analisadas. Um dos pontos levantados como possível justificativa desses resultados foi o uso dos valores regulatórios, ou seja, os oriundos das metodologias da revisão tarifária que tendem para resultados médios.

No decorrer do segundo ano deste subprojeto inicia uma composição com o legado deixado pelo subprojeto T2P no que se refere a internalizar os sinais da demanda e de contestação de mercado para constituir modalidades tarifárias.

Mas, antes disto, registram-se as principais conclusões da etapa destinada à avaliação crítica do Custo de Capacidade ou "custo do cliente", que busca a alocação dos custos das redes elétricas de forma distinta entre usuários, sob certas condições e hipóteses. Conforme pode ser visto em [14], a partir dos experimentos quantitativos realizados, há limites na especificação do modelo vigente, de modo que a generalização e aplicação dos resultados podem ser controvertidas e casuísticas. Por outro lado, o necessário detalhamento de dados para superar as simplificações, se operacionalmente viável, concorre com os princípios anteriormente mencionados de transparência e de reprodutibilidade dos resultados. Cabe mencionar que indicação convergente à apresentada em [14] também pode ser encontrada em [3].

O dilema entre aprofundar o detalhamento do modelo ou manter a especificação atual em prol na manutenção de simplificações pode ser superado pelo encadeamento iniciado em [15] e [3]. Vejamos: No primeiro estudo[15], é recontextualizada a fundamentação e origem das curvas de custos de triagem aplicadas na tarifação de energia elétrica. Como pode ser visto, tem origem utilitária nas curvas de permanência das fontes de oferta de energia elétrica. A essência da seletividade ou triagem é baseada na escala mínima de produção para diluir custos fixos.

---

[14] BOITEUX, M. (1960). Peak-Load Pricing, *The Journal of Business*. Vol. 33, nº 2 (abr., 1960), p. 157-179.
[15] Cabe mencionar que este ponto também foi abordado no subprojeto Elasticidade e Gestão da Carga sob o mesmo aspecto.

Neste mesmo espaço, foi contextualiza a construção das modalidades tarifárias no Brasil. Vale destacar que:

- As modalidades tarifárias do sistema de distribuição brasileiro foram inicialmente construídas, no final do regime militar, na década de 80, a partir de um contexto verticalizado, no qual os custos de capital e operação da geração e da transmissão eram levados em consideração no cálculo da tarifa final da distribuição.

- As modalidades tarifárias teriam por objetivo refletir o melhor possível os custos causados pelos consumidores ao sistema, de tal forma que a determinação dos preços fixos e variáveis de uma reta tarifária dependa da solução de um problema de regressão linear, considerando que sejam mensuráveis os custos de cada consumidor-tipo.

No entanto, limitações operacionais para atingir esses objetivos foram apresentadas em [14]. Ademais, o processo de alteração institucional ocorrido nos últimos anos, mais recentemente de desverticalização das atividades do setor elétrico, potencializou a alienação daqueles pressupostos.[16]

Experimentos em [15] mostram que a distância entre o custo de capacidade e o custo marginal do nível de tensão, que é independente da utilização, é função do modelo de cálculo das responsabilidades de potência que tem limitações expostas em [14]. Desta forma, não é possível afirmar que a relação entre maior utilização (horas de utilização) e maior custo total é função do perfil de carga de cada consumidor-tipo. Os experimentos realizados até o momento não apontaram coeficientes de determinação superiores a 0,35, nem tampouco para significâncias estatísticas aceitáveis para as variáveis do modelo (variáveis π).

Mediante as dificuldades para maior detalhamento metodológico e as limitações do método vigente na proposição de modalidades tarifárias, surge como opção o *novo paradigma para proposição do desenho de modalidades tarifárias que será baseado na conjugação dos custos das redes no ambiente desverticalizado e dos custos de alternativas concorrenciais*, além do observável aumento da eficiência econômica promovida pela autosseleção dos consumidores.

---

[16] Sendo o segmento da distribuição caracterizado pela atividade econômica de transporte da energia, estudos realizados em [14] demonstraram que os custos operacionais estão mais relacionados à capacidade instalada do sistema do que propriamente à energia consumida. Em [10] foram realizados experimentos que mostram a melhoria da correlação de custos de capacidade com a energia consumida exatamente quando a critério de identificação do máximo carregamento é relaxado, ou seja, em elevado carregamento mais horários podem determinar a expansão das redes e demandar novos investimentos.

A ideia funcional é estabelecer os limites da modalidade em um extremo pela tarifa fixa e no outro pela conversão integral desta tarifa fixa em variável. No intermédio, entre estes limites, as tarifas binômias poderão ser estabelecidas pelos custos de oportunidade das melhores alternativas disponíveis de substituição, com base nos custos levantados no subprojeto Tarifa 2P e Social.

O caso mais intuitivamente percebido é a atual competição entre fornecimento de energia elétrica pela distribuidora e autogeração diesel. Mais detalhes podem ser vistos em [15]. Extraímos apenas um exemplo para ilustrar este conceito (Figura AIII.7).

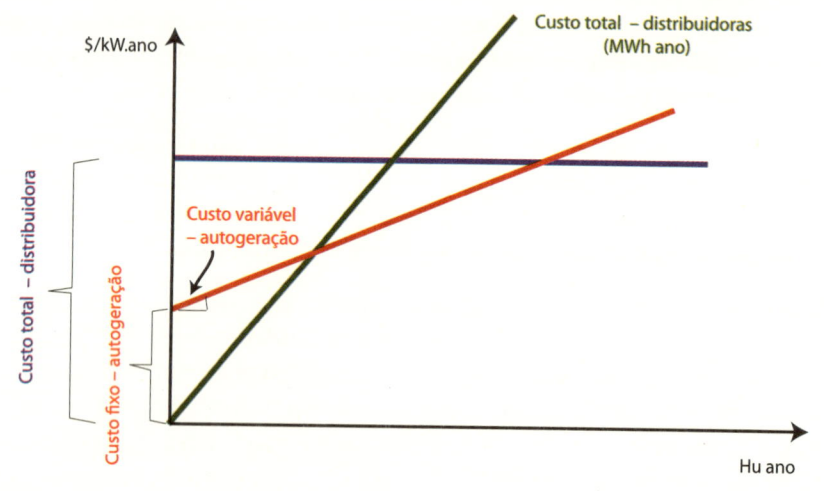

Figura AIII.7. Ideia de modalidades tarifárias conjugando sinais dos custos de distribuição e custos de oportunidades de alternativas competitivas.

Outras Obras Indicadas

Novos Caminhos da Gestão Pública
Olhares e Dilemas

Organizadores: *Paulo César Medeiros e Evelyn Levy*

A mídia bombardeia diariamente a sociedade com notícias que colocam a administração pública em xeque. Entre elas destacam-se, por exemplo, a violência urbana e corrupção de políticos. Embora pareça incoerente, a verdade é que há mudanças significativas ocorrendo para mudar esse quadro e restaurar a ordem. É o que afirmam Paulo César Medeiros e Evelyn Levy, organizadores do livro *Novos Caminhos da Gestão Pública*. Uma obra que reúne seis textos sobre o tema, abordados por diferentes especialistas em palestras realizadas no I Congresso CONSAD (Conselho Nacional de Secretários de Estado da Administração) ocorrido em 2008.

Na compilação, os leitores poderão observar coincidências de um esforço comum dos autores em refletir sobre os caminhos percorridos pela administração pública e, claro, propor inovações para reforçar essas medidas. Os diferentes artigos permitem um olhar simultâneo sobre o Brasil, a América Latina e os países da OCDE (Organização de Cooperação e Desenvolvimento Econômico). Entre seus temas estão os atuais aspectos da gestão pública (recursos humanos, financeiro, compras públicas etc.), o diálogo entre a burocracia e a política, o uso de novas tecnologias e a aproximação com o público. Todas as colocações procuram entender onde estão os "buracos" do setor público administrativo para expor novas ideias e assim corrigir falhas e edificá-lo.

Esses fatos fazem de *Novos Caminhos da Gestão Pública* uma obra com o potencial de propor decisões acertadas para os profissionais que enxergam trilhas positivas na difícil tarefa de gerir administração pública.

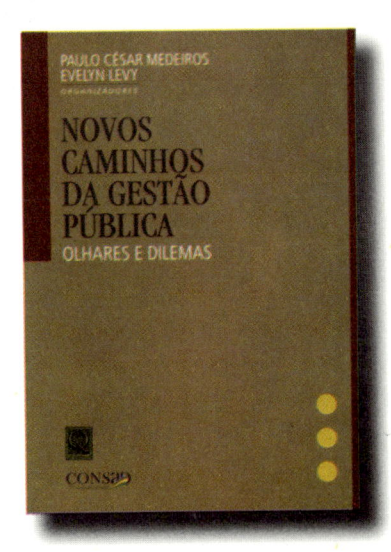

Outras Obras Indicadas

Gestão por Competências no Setor Público
(Incluindo o Case do TRT – 8ª região)

Organizador: *Rogerio Leme*

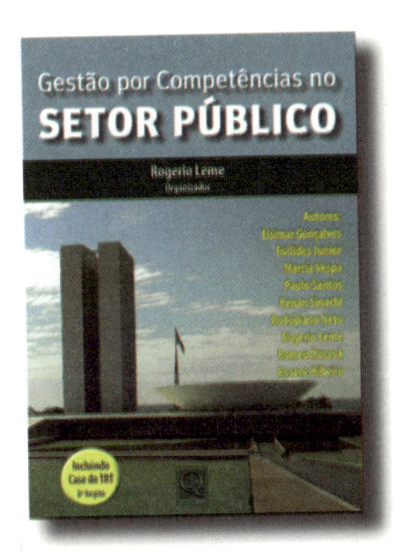

Os princípios da motivação humana e as diretrizes de liderança independem da característica da empresa – pública ou privada. Entretanto, ao aplicar a Gestão por Competências, **ferramenta imprescindível na gestão de pessoas**, no serviço público, a cultura e a maneira de superar os desafios do projeto são especiais, em função das relações trabalhistas serem diferentes do setor privado, tais como o concurso público, o estágio probatório, a estabilidade do servidor, entre outras.

A obra apresenta o tema de forma prática e concisa, sem esquecer as questões específicas e particulares da cultura das instituições públicas.

O organizador Rogerio Leme, em parceria com os autores Elsimar Gonçalves; Euclides Junior; Marcia Vespa; Paulo Santos; Renan Sinachi; Rodopiano Neto; Romeu Huczok e Rosane Ribeiro, apresenta um material pautado, cuidadosamente e de maneira estruturada, nas metodologias do **Inventário Comportamental para Mapeamento de Competências e da Avaliação de Desempenho com Foco em Competências**, com o intuito de instruir o leitor de forma clara e objetiva, sem se tornar uma simples compilação literária.

Entre em sintonia com o mundo

QualityPhone:
0800-0263311

Ligação gratuita

Qualitymark Editora
Rua Teixeira Júnior, 441 – São Cristóvão
20921-405 – Rio de Janeiro – RJ
Tels.: (21) 3094-8400/3295-9800
Fax: (21) 3295-9824
www.qualitymark.com.br
e-mail: quality@qualitymark.com.br

Dados Técnicos:

• Formato:	16×23cm
• Mancha:	12×19cm
• Fonte:	Minion Pro
• Corpo:	11
• Entrelinha:	13
• Total de Páginas:	184
• Lançamento:	Agosto de 2011
• 1ª Reimpressão:	2012
• Gráfica:	Sermograf